尽善尽美 弗求弗迪

小市场做出大生意

低风险轻创业实战指南

陈雨思 著

电子工业出版社
Publishing House of Electronics Industry
北京·BEIJING

内 容 简 介

在互联网时代，资金和资源不是创业的关键因素。能否创业成功，关键在于你的能力和眼光能否精准地定位和满足市场需求。本书深入探讨了如何在看似有限的小市场挖掘大生意，走上稳健的创业之路。书中引入了轻创业的概念，包含创业理论知识和笔者的实践经验，通过通俗易懂的语言和丰富的案例，详细解密获得创业成功的技巧和方法。

本书分为上、下两篇。上篇聚焦绘制创业思维蓝图，包含盈利逻辑、客户开发、销售心法、社群运营、朋友圈运营五个方面的内容。下篇聚焦培养成功创业能力，从创业心态出发，揭示团队管理、事业升级、情商修炼和自我提升的奥秘，并详细讲解吸引力法则。

本书为创业者提供了宝贵的知识和工具，是那些渴望在小市场中实现大梦想的创业者的理想读物。

未经许可，不得以任何方式复制或抄袭本书之部分或全部内容。
版权所有，侵权必究。

图书在版编目（CIP）数据

小市场做出大生意：低风险轻创业实战指南 / 陈雨思著. —北京：电子工业出版社，2024.6
ISBN 978-7-121-47841-3
Ⅰ. ①小… Ⅱ. ①陈… Ⅲ. ①创业－研究 Ⅳ. ① F241.4
中国国家版本馆 CIP 数据核字（2024）第 094356 号

责任编辑：黄益聪
印　　刷：唐山富达印务有限公司
装　　订：唐山富达印务有限公司
出版发行：电子工业出版社
　　　　　北京市海淀区万寿路 173 信箱　　邮编：100036
开　　本：880×1230　1/32　印张：7　字数：169 千字
版　　次：2024 年 6 月第 1 版
印　　次：2024 年 6 月第 1 次印刷
定　　价：48.00 元

凡所购买电子工业出版社图书有缺损问题，请向购买书店调换。若书店售缺，请与本社发行部联系，联系及邮购电话：(010) 88254888，88258888。
质量投诉请发邮件至 zlts@phei.com.cn，盗版侵权举报请发邮件至 dbqq@phei.com.cn。
本书咨询联系方式：(010) 68161512，meidipub@phei.com.cn。

◀ 推荐序

有一天和雨思聊天，我说："你应该写一本有关轻创业的书，因为轻创业适合 99% 的创业者。"可能有些人持有低成本或零成本创业的观点，但是雨思已经在践行轻创业，而且已经进行过多次轻创业，成功地在小市场中杀出重围，实现了商业上的大成就。从代理别人的产品获得几亿元的销售额，到创立自己的品牌，雨思的每次尝试都是低风险轻创业，小市场大生意。因此，我相信她一定能把轻创业讲清、讲透，包括讲透创业者在每个阶段的心态、情绪和压力，以及是如何解决问题的。这是只做理论研究的人无法拥有的体验，但雨思能把这一切都讲得很清楚，从而帮助很多创业者。

1. 创业的本质是创造

有人觉得，创业需要一大笔资金；也有人觉得，创业需要很好的人脉关系。但是，创业成功与否的关键不是这些外在的条件，而是看创业者能不能挖掘自己的潜力。每个人天生在某一方面会具有超强的创造力，如果能发挥这种创造力，就能获得意想不到的创业成绩，甚至不需要付出成本或只付出极少的成本。

在本书中，雨思花费了一整篇详细阐述了如何绘制创业思维蓝图。这就是说要发挥自己的创造力，即在开始创业之前就已经在大脑中描绘出了创业的整个框架。不会绘制蓝图的人，无论有多少资金、有多少资源，都很难撑起一个成功的创业项目。现实中，很多人融资数千万元甚至数亿元，但是依然无法做成一个赚钱的项目。

创业者发挥创造力，只需要从前100位客户做起。只要坚持"诚意正心"的价值观和"近悦远来"的服务理念，创业者就会获得源源不断的资源，而这些足以成就一个创业项目。

2. 掌握创业的核心技能

如果说创业需要很多技能，那么其中必然有一些核心技能。本书对几大核心技能进行了详细的阐述。很多创业者痴迷于学习很多技能，但是如果无法掌握这几大核心技能，就很难使创业项目获得成功。从创业蓝图的规划，到前100位客户的开发，再到销售技巧磨炼、团队管理、情商提升、个人成长，本书对创业的几大核心技能都进行了深入的剖析。

3. 创业是一场心理战

一个创业项目的重要资源之一是创业者的内在力量，创业者快速成长，创业项目也会快速成长。一个创业项目能做多大，在很大程度上取决于创业者的心力、格局与情绪。本书除了讲透创业所需的核心技能，还讲透了创业者的个人进化、情商修炼、自我提升、吸引力法则。这些都是雨思在实战中总结出来的。

为了让团队快速成长，雨思设计了一个内部商学课程，还专门开设了培训办公室。雨思特别重视代理商团队成员的个人成长，打造了一支具有超强战斗力的团队。与销售技能、产品开发技能相比，战斗力这种软实力对创业者来说更加重要。

本书是一本创业实操书，凝聚了雨思的实操经验。她把自己轻创业的经验和系统的方法论和盘托出，相信本书会在读者心里留下深刻的印象。希望更多的创业者通过学习、实践、复盘完成自己的创业，在小市场中成就大生意，实现自己的人生价值和社会价值。

一九 IP 咨询创始人，《从 0 到 1 打造个人品牌》作者，
北大个人品牌特邀讲师　王一九

前 言

有人对创业持反对意见,认为"并不是所有人都适合创业"。是的,一个既不学习,也不实践,更不努力的人,当然不适合创业,但绝没有人预先规定了哪一种人适合创业。

传统创业"九死一生",但是在小市场中尝试低风险的轻创业,却可能为你博得大生机,原因有如下三点。

第一点,小市场准入门槛低,可以摸索式创业。

不是所有人都能读懂"创业经"。有的创业者盲目投入大量资金,但没有能力把控资金流向;有的创业者招募大量团队,却缺乏管理经验……小市场给创业者提供了一个学习的平台,能够助力创业新手逐步成长为一个成熟的创业者。

第二点,小市场投入资金少,可以轻投资。

与传统创业方式不同的是,进入小市场所需的资金投入较少。因此会让更多人有机会开启自己的事业,在创业道路上实现自己的价值。

第三点,相对来说,在小市场中创业风险更低。

传统创业初期的资金投入大,一旦失败,创业者就需要承担巨额损失。有些创业者甚至是向亲朋好友借钱或融资进行创业的,往往要承受非常大的压力。

在小市场中轻创业是一种创业趋势,是能够让普通人实现人生价值的一种重要方式。不管是家庭主妇,还是朝九晚五的上班族,都可以在创业赛道上有所突破。

创业有风险,但是真正让风险变大的是无知、不学习。我们其实可以把创业看作一门手艺,而我们只有通过大量的学习和练习,才能掌握这门手艺。那些真正优秀的企业家不是没有面临过风险,而是善于控制风险。

创业忌迷失方向,空有一腔热血或许可以使你保持三天、半个月的热度,但是无法使你持续前进。只有规划好了、选对方向了,才能扬帆远航。在信息开放的时代,跟得上潮流非常重要。

本书内容翔实,语言通俗易懂,还有大量真实的案例,能够帮助普通人在创业道路上跨越障碍,在各方面不断提升自我,最终做成大生意,做出大成就。

◀ 目 录

上篇　绘制创业思维蓝图

第 1 章　盈利逻辑：正确看待赚钱的本质

1.1　盈利的底层逻辑是什么 － 003

1.2　如何提升业绩，打开盈利之门 － 005

1.3　盈利的能量真实存在吗 － 008

1.4　两个心法让你变得更值钱、更有能量 － 015

1.5　培养直觉，你可以更成功 － 021

第 2 章　客户开发：前 100 位客户从何而来

2.1　前 100 位客户的重要意义 － 026

2.2　设计互动内容，让朋友圈"起死回生" － 028

2.3　快速和陌生人熟悉的秘密 － 032

2.4　如何与客户建立信任 — 036

2.5　学会这几招，复购源源不断 — 042

第 3 章　销售心法：创业的必备能力

3.1　应该怎么运营社群 — 048

3.2　掌握地推策略 — 051

3.3　实用销售心法大揭秘 — 054

3.4　为什么我能两天卖出 20 万元的产品 — 057

第 4 章　社群运营：垂直定位，公司化运作

4.1　销冠的秘密：建立自己的客户群 — 062

4.2　借力社群，让收益倍增 — 072

4.3　轻松打造爆粉、爆单的社群 — 078

4.4　如何运营免费的社群 — 081

第 5 章　朋友圈运营：让你的创业产生溢价

5.1　如何打造价值上百万元的朋友圈 — 086

5.2　朋友圈的底层逻辑 — 092

5.3　关注朋友圈的小细节 — 097

5.4　根据你所处的阶段发朋友圈 — 103

下篇　培养成功创业能力

第 6 章　创业心态：做合格的情绪控制者

6.1　一开始没那么优秀的人也能成为赢家 － 113

6.2　你必须了解的"老板思维" － 115

6.3　影响人生和创业历程的三句话 － 118

6.4　为什么你不自信 － 121

6.5　三种心态助你成功创业 － 125

第 7 章　团队管理：带出战斗力强的团队

7.1　学会这些方法，团队管理不再难 － 130

7.2　做好"老师"的三点感悟 － 133

7.3　培训让团队充满复制力 － 136

第 8 章　事业升级：掌握持续盈利的方法

8.1　三个底层逻辑，获得客户信任并成交 － 140

8.2　一个思维，突破赚钱难题，业绩涨 10 倍 － 144

8.3　如何快速"破圈"，提升你的认知 － 149

第 9 章　情商修炼：突破创业路上的障碍

9.1　祝福的力量究竟有多大 － 158

9.2　大方接受别人的赞美 — 160

9.3　语言的力量的确不可思议 — 163

9.4　为什么你总是间歇性地缺失能量 — 168

第 10 章　自我提升：你必须懂得个人管理

10.1　你的个人形象价值不菲 — 177

10.2　高效地进行知识管理 — 182

10.3　做好时间管理，告别焦虑 — 186

第 11 章　吸引力法则：培养心想事成的能力

11.1　为什么你的创业不能如愿 — 192

11.2　心想事成 Plus 版本 — 196

11.3　心想事成，这个方法很有效 — 200

11.4　不要对自己 PUA — 203

上篇 绘制创业思维蓝图

第1章
盈利逻辑：
正确看待赚钱的本质

本章主要探讨赚钱的本质，包括盈利的底层逻辑、如何提升业绩、培养直觉等实用性内容，帮助你打开盈利之门，让你变得更有能量，更会赚钱。

1.1 盈利的底层逻辑是什么

赚钱的本质是什么？很多人并不清楚。其实，我们赚到的每一分钱都是帮助他人解决问题的回报。这就是盈利的底层逻辑，是自然法则，亦是我们赚钱的规律。如果不按照这个规律行事，我们很难赚到钱。

大家有没有这样的经历？我们越是想赚钱，越是赚不到钱。这时，我们应该冷静地想一想：自己能够为别人解决什么问题？能够给别人提供什么价值？

通俗地说，这就是要明确供需关系。无论是炒股、炒期货，还是做生意、提供服务，我们所做的事一定要有价值。

赚钱的一个重要秘诀就是真诚。

什么是真诚？真诚，就是该说的说，不该说的不说，而不是什么话都说。在对待客户、团队、学员方面，我们能做到的就说出来，不能做到的就不要说出来。简单来说，就是别轻易给别人承诺，但是只要承诺了就要做到。

很多刚入行的代理经常被朋友问："你做这个赚钱吗？能否带我一个？"这时代理应该怎样真诚地回复呢？代理可以这样告诉对方："亲爱的，谢谢你对我的认可，觉得跟着我可以赚钱。虽然我还处在成长期，但是我在一个非常好的团队中，所以你可以放心来我这里。我和我的团队都会帮你成长的!"

真诚是一种非常宝贵的品质,决定了一个人的德行。不要为了成交而去欺骗客户,因为只要说一个谎话就需要用更多个谎话来圆。一时的不真诚也许会给你带来一时的利益,但是这种利益无法长久,更无法让你获得成长。

我们追求的是长期利益,偷奸耍滑、欺骗客户注定走不远——最终都会被反噬。

这里有一个能够帮助我们快速赚钱的方法:给别人提供价值。

追求财富本身不是一件坏事,但是如果一个人每天只想着赚钱,而不去提升自己,就可能出问题。

有句话说得好:"当我们不断追求卓越的时候,成功一定会追赶我们的脚步。"那么,怎样去追求卓越呢?当我们把注意力放到为他人提供价值和提升自己上时,钱自然会"飞"到我们的口袋里。

认真观察一下身边的人,我们会发现四五十岁的人不会很穷。这是为什么呢?除经济发展带来的红利外,一个人如果在某个行业或某个领域辛苦耕耘多年,大多会掌握一定的人脉,练就一身的本领,这样就很容易用这些价值去换取财富。

我们要明白,赚钱只是做好一件事之后自然而然的结果。如果我们想获得更多的财富,就必须不断学习,持续提升自我价值。任何我们掌握的知识都有可能改变我们的明天,千万不要原地踏步,而要始终保持热爱和好奇。

很多人终日都在忙碌,觉得很累但赚不到多少钱,其实就是因为没有搞清楚赚钱的本质。

业务员整天待在公司里而不去拜访客户,就不能为公司销售产品，自然赚不到钱；服务员整天对顾客"吹胡子瞪眼"，老板自然不会给他升职加薪；老板整天只知道监督员工工作，而不去找适合公司的项目，也不去给公司拉投资，自然不可能将公司经营得很好……

其实，这就是一些人忙忙碌碌却赚不到钱的原因：虽然很忙，但是没有忙到点子上。我们要记住：赚钱的本质是平衡供需关系，在供需关系中释放自己的能量。

怀着真诚的心，不断提升自己，牢记赚钱的本质，成功便会在不经意间追上我们！

1.2 如何提升业绩，打开盈利之门

很多人都想提升业绩，然而不管怎么努力，却始终难以如愿。我带的团队中也有这样的人。

我观察了他们很久，发现他们有一个共同点，那便是缺乏向上管理的能力。

什么是向上管理？实际上就是管理你的上级，帮助你的上级做出正确的决策，在上级难以抉择时给他一些建议，从而让他对你产生依赖感。

接下来，我便和大家探讨如何利用向上管理来提升业绩。

第一点，深度配合。

一个人要提升自己的业绩，成为一个更出色的人，就必须学会与自己的上级合作。与上级合作并不意味着全面服从上级，而要清

楚上级为什么让你这么做，并思考这么做是否有效，以及有没有更好的解决办法。

职位越高，责任越大。许多上级担心下级办事不力，事事都要过问，导致双方都很疲惫。向上管理的第一步就是把自己分内的工作做好，这样上级才能放心地把工作交给下级。

如果你的业绩表现不佳，你就去反省一下：你是否与上级进行了深度合作？对于上级布置的任务，你有没有马上去做？任务完成情况如何？

第二点，保持主动。

许多员工在工作中遇到问题时，从来不主动与上级交流，这往往会拖延时间，导致工作进展缓慢。在现实中，很多团队中都有这类员工。

事实上，下级在遇到困难时，要积极地与上级进行交流，向上级汇报自己面临的问题，并给出解决办法。在听取了下级的意见之后，上级会提出自己的看法，甚至会主动帮助下级解决问题。

上级喜欢主动汇报工作、有进取心的下级。当下级主动汇报工作时，上级会对下级的工作进行指导，指出下级的工作哪里做得不好，还有什么地方可以改进，让下级的工作方案变得更加完美。

许多上级会主动找下级谈话，以了解项目的进展。这并非上级不相信下级的工作能力，他只是对项目的进展不太清楚而已。明智的下级会适时地向上级汇报自己的工作进展和工作情况，比如工作中是否有困难，自己是否能够独立解决，需要上级给予哪些帮助等。这样一来，上级就可以了解下级的工作情况了，而不必担心下级的工作出现大的差错。下级主动、及时地向上级汇报工作，不仅能让上级对自己的工作放心，还能充分证明自己的工作能力。

因此，当工作中遇到问题时，你不要回避，也不要拖延，而要勇敢地去敲上级的门，诚恳地向上级寻求帮助。

第三点，深度交流。

如果你与上级的交流仅限于你单方面汇报，或者你只是被动地回答上级提出的问题，那么你很难有升职加薪的机会。

如果你想提升业绩、取得满意的工作结果，就应该积极地与上级进行深入的沟通。向上管理的重点之一就是身为下级，要找到合适的方法与上级进行深入交流。你可以用合适的方法向上级展示你的成长经历和个人价值观形成的过程，这样上级会对你有更深入的认识，才更清楚该如何帮助你和支持你。

只要自己愿意，任何人都不会成为孤岛。在深入沟通的过程中，你与上级建立起心灵上的联系，在相互信任的基础上，你们从原来的上下级逐渐转变成志趣相投的人，成为企业共同体中的战友。

事实上，向上管理的核心并不是让下级管理自己的上级，或者让上级根据下级的意见来做出决策，而是让上级对下级的能力有足够的信心，让上级对下级产生"你办事，我放心"的感觉。这样上级才能放心地把工作交给下级，上下级的合作才会更加顺利，效率也会更高。

向上管理的本质，就是要和上级建立心灵上的联系，并在深入的交流中加深信任，最后达到相互成就的目的。

交流、信任、成就，是向上管理的三个关键点，而要做到这三点，就必须由"被动服从上级管理"走向"主动向上管理"，最终达到"与上级共同成长，成就彼此"的目标。

我希望你能牢记深度配合、保持主动、深度交流这三点，努力做好向上管理。在坚持一段时间后，你会发现自己的业绩有了显著的提升，自己的事业发展得更加顺利了。

1.3 盈利的能量真实存在吗

能量是真实存在的吗？是的，它真实存在。

某项研究发现，能量可以从四个方面展现：第一，体能；第二，情感；第三，思维；第四，精神。

下面我给出一些测试题，如果符合某一条就给自己加1分，从而了解自己的能量值是多少。大家可以根据能量值判断自己是否陷入了能量危机，或者判断自己的能量管理情况如何。

第一，体能。

（1）我不能保证每天有七八个小时的睡眠，醒来后经常感到疲惫。

（2）我经常不吃早餐，肚子饿了就吃一些没有营养的食物。

（3）我不能保证在一周内至少进行三次循环系统锻炼和一次力量锻炼。

（4）我没有定时休息的习惯，能量无法得到充分的恢复。

（5）我经常不准时吃午餐，当我感到饥饿时经常点外卖。

第二，情感。

（1）我在工作时耐性不足，一遇到棘手的事情就会焦躁不安。

（2）我没有太多时间陪伴家人和朋友，与他们在一起时经常心不在焉。

（3）我很少有时间做自己真正喜欢的事情。

（4）我很少对他人表示欣赏，也无法从成功中获得快乐。

第三，思维。

（1）我在做一件事情时很难集中注意力，经常会为杂事而分心，尤其容易被电子产品干扰。

（2）我把大量的时间、精力用于应对当下的危机和满足当前的需求上，没有把足够的精力用于能产生长远价值的活动上。

（3）我没有足够的时间进行内省，很少进行战略构想和创造性思考。

（4）我晚上和周末都要工作，不需要发送和接收工作信息的假期很少。

第四，精神。

（1）我没有花太多时间在自己所擅长并且喜爱的工作上。

（2）尽管一些事情在我的生活中占有重要地位，但我在这些事情上投入的时间和精力很少。

（3）我在工作上做出的决定经常受到外在因素的影响，而不是受内心意愿的驱动。

（4）我没有把很多时间和精力投入到能够对他人或世界产生正面影响的事情上。

以下是能量值对应的结果。

0～3分：能量管理技能卓越。

4～6分：能量管理技能合理。

7～10分：能量管理技能存在严重缺陷。

11～17分：完全陷入能量管理危机。

不要过于在意你现在的能量管理技能如何，即使已经陷入能量管理危机也没关系，因为能量是可以补充的。

我有一个自己的能量管理清单，但能量管理清单并不是我发明的。接下来，我会从以下四个方面来讲解如何在能量不稳定的情况下让自己变得充满能量。

1. 体能能量

要想从体能方面入手提升能量，首先，要适当地运动。

适当地运动是提升体能能量的有效方式之一。我们回想一下，有时候好久不运动了，如果打一会儿羽毛球，出一身汗，就会觉得非常舒适；周末出门爬爬山，虽然感觉很累，但是第二天起来会觉得能量满满。

虽然我对自己的身体状况挺满意，但是我依然坚持每周运动一到两次。我发现，体能能量真的会决定自己的财富。因此，如果你的体能能量过低，你非常有必要进行适当运动，以提升自己的体能能量。

其次，要注意饮食。

想一想：你是否经常暴饮暴食？是否经常吃外卖和夜宵？是否经常不按时吃饭？是否无肉不欢？如果你经常这样，那么你的肠胃不会好，皮肤也不会好，体能能量也不会高。

不注意饮食，不仅伤害自己的身体，还会影响自己的工作和能量。因此，我们要尽量做到荤素搭配、营养均衡，少吃生冷辛辣的食物，并尽量按时吃饭。这样我们的身体才会健康，体能能量才会得到提升。

最后，要保证充足和高质量的睡眠（特别重要）。

有人曾经问我："雨思，为什么你有时候就算熬夜，第二天的精神状态也很好？"其实，原因很简单，就是我躺下后能够很快进入深度睡眠。

用通俗的话来说，那便是我的睡眠质量特别好。记得有一次，我婆婆半夜起来去卫生间，在卫生间听到展哥（我老公）唱歌的声音。她感到很奇怪，便来到我们的卧室门口，结果听到展哥唱了几句之后又说起了梦话。第二天早上，婆婆说起这件事，问我展哥睡觉有没有影响我。

实际上，我对展哥半夜唱歌和说梦话这些事情一无所知，又何来影响我一说？

由于我入睡后很快就会进入深度睡眠，因此即便只睡三四个小时，我的精神状态也不会很差。睡眠特别重要，它会直接影响一个人的状态。因此，为了补充能量，让自己拥有不错的精神状态，我们要尽量给自己营造安静、舒适的入睡氛围，同时抛开头脑中杂七杂八的想法，让自己以放松的状态入睡。

从身体方面提升能量的三种方法已经讲解完毕，大家可以试着保证适当的运动量，调整一下自己的饮食和睡眠，使自己的体能能量得到补充。

我认为体能能量是比较重要的一点。如果一个人生病了，那么他的能量一定无法得到提升。要提升能量，就要特别注意提升体能能量。我们必须把自己的身体调节到最佳状态，让自己随时都充满活力。

2. 情感能量

下面来讲解如何从情感方面提升能量。

情感方面的能量来自哪里？来自我们的家人、朋友和同事。

对于大部分人来说，情感能量是比较容易获得的一种力量。我们和父母、配偶、孩子、同事等建立亲密关系会释放情感能量，因此，将人际关系维持好非常重要。

家庭是需要用心经营的。我每周都会和展哥一起看电影，每晚睡前都会给孩子讲故事……虽然这些都是不起眼的事，但是会让我们感到很幸福。这种幸福感会把我们的心填满，也会让我们的能量得到提升。

生活在一个和谐友爱的家庭中的人的情感能量是"满格"的。和家人一起打扫卫生、一起逛超市、一起做饭、一起散步……都会提升我们的情感能量。因此，我们要多陪伴家人，珍惜和家人在一起的时光，让自己和家人的情感能量都得到提升。

友情也是需要维护的。我每周都会抽出一个下午和朋友小聚，有时去逛街，有时去唱歌，有时去喝下午茶。我们在一起有说有笑，谈论生活、谈论工作、谈论家庭……每次小聚之后，我都觉得特别开心和放松，充满了能量。

女性应该有自己的圈子，不能整天围着家庭转。与三五好友小聚真的非常解压。

同事在我们的生活中也扮演着很重要的角色。我们会和同事相处很长时间，因此一定要和同事建立良好的关系。同事取得成绩，我们要送上祝福；同事遇到困难，我们要给予鼓励。现在很多公司都追求团队协作，因此我们要和团队成员建立良好的关系，从而一起将工作做好。

总之，只有建立良好的人际关系，我们才能在情感方面收获满满的能量，人生之路才会越走越顺。

3. 思维能量

思维能量是什么？例如，你学习了新的知识和技能，你的想象力和创造力变得更强，那么你就拥有了更多的思维能量。

下面我来讲解如何提升思维能量。

提升思维能量有一个很简单、很有效的方法——多学习。例如，大家可以抽时间给自己"充充电"，找几本提升工作能力的书认真研读，或者参加专题讲座、加入业务交流群。总之，提升自己的业务能力、充实自己的大脑，能够从思维方面提升能量。

为了提升思维能量，我每天会花费半个小时看书，并将书中的内容讲给团队成员听。其实，思维能量的提升不局限于学习，看综艺节目、看电视剧等，只要能让自己放松下来，就可以补充思维能量；和别人探讨问题，也对思维能量的提升有帮助。

一个人只要能调节好自己的频率，并大胆地展现自己，本质上就是在绽放自己。如此，我们内在的能量将被激发，我们的潜能将得到最大限度的释放。

许多人过于在意别人的眼光，导致思维能量不足。事实上，如果一个人太在乎别人的看法，就无法拥有很强的行动力，也就很难进行自我探索。反之，如果一个人能够活出自我，遵从自己内心的想法，那么其内在能量就会很高。

我们要做自己想做的事情，用享受的心态过好每一天，这样我们的内心就会变得更强大，我们也会有更多的好运气。

4. 精神能量

最后，我们再来谈一谈如何提升精神能量。

许多人状态不好的原因是他们没有精神能量。你的目标是什么？你的价值体现在哪里？什么是你想要为之奋斗一辈子的？对于这些问题，很多人都没有确切的答案，这也是他们的能量很不稳定的原因。

想要提升精神能量，很重要的一点是相信自己的价值，即拥有很强的自我价值感。自我价值感是一个人对自身价值的主观评价，这种评价一般是根据父母早期的接纳、肯定、承认、赞扬、鼓励等逐渐形成的。

自我价值感高的人往往拥有很强的自我提升的欲望，具有向上、向善的天性；自我价值感低的人往往有一颗"玻璃心"，对别人的评价非常在意，难以与性格迥异的人相处，经常为一些小事生气，在不知不觉中错失财富，人际关系也会受到影响。

那么，我们能否由内而外地增强自我价值感，提升精神能量呢？答案是肯定的。

如果我们在日常生活和社会活动中能够为他人和社会做出一些贡献，那么他人和社会就会给予我们正向的回馈，而这些正向的回馈会让我们感觉自己是有价值的。当自我价值感触及我们的心灵、深入我们的潜意识时，我们的主观评价会发生改变，我们的生命也会因此得到滋养。

我在讲课时，经常会获得很多学员的称赞。学员会因为我的课程而发生改变，当我看到他们的改变时，我会觉得自己的工作非常有意义，而我的生命也得到了滋养。这也是虽然我带团队很累，但我的精力依然很充沛的原因。

如果一个人自我价值感高，精神能量就充足，那么他就拥有面对挫折的勇气，就有更大的概率为他人和社会创造价值。如果一个人能在自己的能力范围内为他人和社会创造价值，那么他就能获得他人的肯定和赞赏，从而获得心灵滋养，自我价值感会因此得到提高，精神能量也会得到补给。

因此，自我价值感较低的人应远离那些消耗自身能量的"黑洞"，心存善念，多行善事，在与他人相处的过程中让自己的生命得到滋养，这样自己的人生会变得更美好。

总之，如果你的内心有满满的能量，那么你做再多的事情也不会累。如果你的内心疲惫不堪，那么你的身体也会被拖垮。为了让自己每天都能量满满，大家可以按照我介绍的方法来提升自己的能量。

1.4 两个心法让你变得更值钱、更有能量

大部分能量不足的人在销售过程中往往有两种状态：第一种是不敢成交，第二种是想成交却无法转化客户。

不敢成交，是因为你有内疚感，对自己所销售产品的价值认知不够。想成交却无法转化客户，是因为在和客户沟通时，你的心

法、方法存在问题。例如，你也知道可以成交，可是你在销售过程中很累，这是因为你在成交的过程中太过"贪婪"。

想要让自己更值钱、更有能量，我们就要了解成交的本质是什么。

金钱本身就是一种能量。因此，成交的本质就是能量的流动。能量（金钱）的流动主要有三种方式。

第一种方式是你得到了，对方失去了。很多时候你不好意思向客户开口要钱，是因为你觉得你得到了他的钱，而他失去了一笔钱，你有内疚感。

第二种方式是你失去了，对方得到了。虽然有转化，但是你失去了一些东西。例如，一个订单的销售额是1000元，利润是600元，但是客户让你赠送给他价值500元的礼品，最后你只赚了100元。虽然最终成交了，但你舍弃了自己的一部分利润。

第三种方式是你得到了，对方也得到了。这样的能量流动是双向的。互相加持才能让彼此都得到提升。

想要真正理解成交是能量的流动，我们不仅要关注金钱这个有形的能量，还要关注那些无形的能量。无形的能量就是所谓的心法，也就是大家常说的"道和术"中的"道"。

如果你背后有能量场，那么只要将它利用起来，你的成交能力就一定能得到提升。老板拥有很强的成交能力，是因为他的表达能力比你的好吗？很多员工喜欢模仿老板的沟通用语和成交用语，但其实老板和员工在成交方面的本质区别不是语言表达，而是背后的能量场。如果你能形成一个可以促使成交的能量场，就能吸引别人主动和你成交——这和你追着别人求成交是完全不一样的。这是成交背后的"道"。

我总结了自己十年销售生涯中两个重要的心法。下面我对这两个心法进行深入剖析。

第一个心法是不要想着搞定所有人。无论多么优秀的人才去从事销售工作，都会被人骂。成交本身就是一个概率问题，要尊重概率。成交绝对不是说服客户，而是筛选客户。

你一定要懂得拒绝客户，不要试图与那些不该成交的客户成交。一直讨价还价的客户，不应该成交；喜欢吹毛求疵的客户，不应该成交；咨询很久但犹豫再三不下单的客户，不应该成交。这些都属于不该成交的客户，都属于非优质客户，你应清楚这一点。

你应该努力促进与那些愿意为你的价值买单、有能力付钱的客户，以及尊重你的付出的客户成交。你的时间有限，你的精力也有限，你应该用有限的时间和精力去与愿意为你的付出买单的人成交，并努力为这些客户提供更好的服务。只有这样，你才有可能越赚越多、越做越轻松。

有的人会说："雨思，你的客户多，你有底气拒绝客户。我的圈子里一共就那么多客户，而我需要赚钱。难道钱到我面前我也要拒绝吗？"我可以很负责、很明确地告诉你："是的，你要拒绝，你必须拒绝。"如果你想越来越有钱，拥有的能量越来越多，那么你一定要明白自己想要什么和不要什么。

你的时间、精力是有限的，你一定要把有限的时间、精力用于服务优质客户上，努力提高优质客户的满意度，而不要和那些非优质客户纠缠许久。

从一开始你就要在心里设置好一个销售的门槛，这样自然就可以把非优质客户过滤掉。2015—2016年,我卖护肤品,一盒的价格为88元,一盒有10片。当时有些客户和我讨价还价,如邮费能便宜一点吗?你能再送我一些东西吗……如今,我创立了自己的品牌,一个订单的销售额是2000元左右。这样我就把追求几十元、100多元护肤品的客户过滤掉了。我的经销商在促进成交时也比较轻松,因为目标客户的定位很精准。

设置销售门槛是一件特别重要的事情。一些经销商在群里发消息称,客户在使用了护肤品的试用装后,便下单购买了2000多元的正装护肤品。这是因为这些客户通过试用,真实地感受到了护肤品的功效,所以更容易接受正装护肤品的价格。

你不能什么客户都想要,对所有客户来者不拒,因为那些非优质客户会影响你的能量和状态。例如,你遇到了一位客户,他经常提出很多问题,擅长挑毛病,你原本的好心情会因为这位客户而烟消云散,甚至导致你一整天都心情不好。也就是说,这位客户在很大程度上影响了你的能量、状态,对于这样的客户,你一定要拒绝。千万不要轻视背后的能量场,切忌想要与所有客户成交。

你不要单纯地把自己定义为销售人员。这是我这么多年来能够赚到钱的第二个重要心法。我从来不觉得我只是一个卖产品的销售人员,我一直觉得我是在帮助别人。

这意味着你一定要确信你销售的产品、提供的服务能够给客户带来巨大的价值——是远超产品、服务的售价的,只要客户买到,他就赚到了。一定要保持这样的心态,这是非常重要的一点。

我发现很多人在销售产品时不好意思开口推荐,更不好意思和客户谈论价格。

以我的一名学员为例，这名学员开设了一个课程，在我和他直播连麦的过程中，我的一个"铁粉"对他的课程很感兴趣，找我要了他的微信。这意味着他们成交的概率极大。这个"铁粉"加了这名学员的微信之后说："我在雨思那里看到你的课程，正好是我特别需要的。"这时，这名学员应该推荐产品、促成交易，但是他回复"谢谢你的关注"，并发了一个二维码，说："这是我的直播群，今天晚上可以来我的直播间听课。"之后，这名学员把他们的聊天截图发给我看，他说他不好意思提钱，并问我他应该怎么说。

事实上，大部分销售新人面对别人询问产品的第一反应都是推辞。如果你销售产品时也是这样的表现，可能出于两个原因：第一个原因是你极其不自信；第二个原因是你对你的产品没有信心，你不认为你的产品是有价值的。于是，在向客户推荐产品时，你的潜意识里会觉得自己给他推荐的产品不太好，觉得自己好像在骗他，会担心别人觉得你在赚他的钱。本质上这就是你对自己和自己的产品没有信心。

对于我来说，不管是对自己、对产品，还是对我的销售能力、专业能力，我都非常自信。如果你确定自己的产品一定可以帮到别人、对自己和产品有信心，那么销售时你会更有感染力、说服力，销量会很可观。

怎样才能有信心？如前所述，你不要单纯地把自己定义为销售人员，你一定要有这样的信心，即你的产品对客户来讲非常有用。

那些销售业绩不好的人，在朋友圈发言都是畏畏缩缩的，甚至没有夸自己的底气。即使有感兴趣的客户问："你这个产品多少钱？你这个产品是一个什么东西？"他也不敢正面回答，害怕由于自己说错话而导致客户流失。

如果你内心想的是我要和每一位客户都实现共赢,那么你很容易和客户之间形成一个共同的、强大的能量场,这种无形的能量场能够帮助你成交。你和你的客户之所以能够非常轻松地成交,就是因为你们背后有一个同频率的能量场。成交的最高境界是共赢。当你和客户实现共赢时,你会更加心安理得地收客户的钱,也会更加用心地服务客户。

经常有人问我:"雨思,我想与除熟人以外的陌生客户成交,我该怎么办?我今天在社群中加了很多人,我想与他们成交,我该怎么做?"如何判断一个销售方法好不好?答案是一定要多观察那些吸引你主动掏钱的人——他对你说了什么话,对你做了什么事情,让你愿意把钱给他。我有一个习惯:如果谁能够吸引我主动掏钱,我会回顾我们的聊天记录,想明白我到底为什么会与他成交,我到底是因为他说了哪句话而心甘情愿地给他钱。我讲的这个方法就是先复盘别人对我怎么做的,然后我反推过来,用以促使我的客户与我成交。

每天都有很多人加我微信好友,也有很多人给我点赞、评论,甚至有些人不停地给我点赞、评论,不停地发私信夸我。事实上,人都有虚荣心,对于这些给我点赞、评论的人我很难不关注。

虽然每天有很多人夸我,但是我依旧会注意到那些集中夸我的人,这其实是一种能量备货。能量场的加持是什么?就是这种赞美、肯定、关注,这是一种精神能量的加持。

如果你和很多人聊过或参透了人性,你就会发现一个事实:大多数人对精神能量的需求远超对金钱的需求。而我现在讲的这种方法，其实就是去提升对方的精神能量，而且这个方法不需要你付出任何成本。精神正能量的传递对每个人来说都是非常重要的。如果你不断地夸赞一个人或一直关注一个人，那么他一定会非常重视你，会觉得你是他的"铁粉"，你很喜欢他。

如果你和一个人聊天，尤其是和还不熟悉的人聊天，一开始就给对方一种想要赚他的钱的感觉，那么对方的能量场就会关闭，他的潜意识里就会对你产生防备感。

但是如果你先给予对方能量加持，对方在比较熟悉你之后就会条件反射地"敞开他的怀抱"、开放他的能量场。那么在进入私聊环节后，对方才会足够重视你。

大家要记住这句话：帮助别人、给予别人能量就是帮助自己。你要习惯从索取方转变成给予方。比如，我的很多学员只花了几百元、几千元就从我这里得到了巨大的帮助。大家一定要明白：只有先给予，才能有所得。给予别人能量、价值等于在帮自己，这一点很重要。

如果能在帮助别人的过程中合理地引入你销售的产品或提供的服务，那么对方会更乐于接受。因为对方在潜意识里已经接受你了。对于你给他提供的价值，他会思考应该怎样回报你。这时你向他推销产品，你们就会形成一个良好的闭环。

1.5 培养直觉，你可以更成功

你们相信直觉吗？大部分人会回答"相信"。其实，直觉和第六感是不同的。

什么是直觉？很多人其实不明白。例如，你认识一个新的朋友，在第一次见面时，彼此还没有开口说话，你就觉得这个人很好相处。直觉是指你面对的人或事，给你的第一印象或最初的感受，甚至是让你凭空冒出来的念头或想法。

为什么说直觉和第六感不一样呢？因为直觉有可能是潜意识在发挥作用，一些信息在感官外不知不觉间影响我们，大脑在我们无意识的状态下根据经验或其他逻辑迅速做出的一种预判。例如，有的人能凭直觉感到空气中弥漫着紧张或危险的气息。

第六感相对比较神秘，有人将其称为"超能力"。虽然同样是对未来的预知，但是第六感往往毫无缘由。例如，亲人间的一些特殊感应往往非常准确。这个现象往往发生在我们不可能得到任何信息的情况下。例如，相隔两地的人会突然有心灵感应，得到一些感知。

第六感比直觉更纯粹一些，因为直觉可以是潜意识的，而第六感却是无缘由出现的。

例如，你现在正在按部就班地工作，但你并不喜欢现在的工作，可是由于暂时找不到更好的工作，你只能继续待在这家公司。到了晚上，你的内心总会有一个微弱的声音告诉你："你现在只是在勉强维持生计，因为你害怕做出改变。"这就是你的直觉在告诉你：你按部就班工作其实很痛苦，这样生活其实是不对的。但是，我们常常忽视直觉发出的信号，不愿意去面对现实。

那么，我们该如何培养直觉呢？

我们要让自己保持一颗纯粹的心，对所有的信息都持开放的态度，并对世界充满好奇和热情。在日常生活中，我们可以静下心来问问自己：到底想要什么？有没有安静地倾听自己内心的声音？是否知道自己真正擅长什么……

我遇到过很多人，他们不去做自己喜欢的或擅长的事情，反而忽略了自己的内在需求，由于各种原因选择了一条安全的、风险低的路。大家有没有想过：如果我们不去思考那些虚无缥缈的问题，选择忽略自己内心真实的想法而去走一条安全的道路，就能保证自己轻松自在地过一辈子吗？

我一直觉得，如果拼命压抑自己的欲望，不去追求自己真正想要的东西，那么这个东西终究会在某个时刻逼迫我们做出选择。一个人只有找到自己真正热爱的东西，并投入心力去好好做，才能从中建立自信，让自己的生命发光、发热。

在创业的这些年里，我一次又一次地打破舒适圈，去尝试那些不被别人看好的、很冒险的事情。我很快乐，因为我在这个过程中不但积累了经验和财富，还变得更加自信。我喜欢全身心地投入到自己喜欢的事业中的感觉。

读到这里，你不妨问自己：

你喜欢现在的自己吗？

你喜欢现在从事的工作吗？

你想在这个行业一直做下去吗？

你当初为什么选择这个工作？

如果重来一次，你还会做一样的选择吗？

一个人的热情所在，往往就是他的自信所在。因此，每个人都要试着找到自己喜欢的东西,或者培养自己真正喜欢的东西,并从喜欢的东西中找到自己的热情所在,去好好发展,把它变成自己的专属优势。

我祝福大家可以找到自己的热情所在,投入全部的心力,在自己喜欢的领域做出一番成就。最后,我希望大家无论多少岁,都要为自己而活。如果你现在跟我一样才二十多岁,那你不必对未来充满恐惧;如果你现在三十多岁或四十多岁,你也要相信自己还有无限的可能。

第 2 章
客户开发：
前 100 位客户从何而来

本章将带你了解第一批客户的重要性，包括如何让朋友圈"起死回生"，快速和陌生人熟悉的秘密，如何与客户建立信任，并教你如何让复购源源不断。

2.1 前100位客户的重要意义

无论是打造个人品牌还是轻创业,第一批客户都非常重要。那么,第一批客户需要多少人呢?

有人曾跟我说,用一年的时间发展10万位客户,这样就能使一个品牌步入正轨。很多人都有这样的想法,认为只有拥有一定数量的客户才能做好某件事。

然而,如果问他们,客户都是什么样的,客户有什么需求,他们就不知该怎么回答了。其实,他们并不了解自己的客户。他们以为客户迫切需要的东西,其实客户并不需要,或者客户的需求度并不高。

我经常让代理列出自己的客户类型——一个没有服务过100位客户的代理根本就不知道有哪几类客户。

有的人在创业的第一年就想获得几万甚至几十万位客户。可是直到第二年,他依然没有盈利。这时他就坚持不下去了,还会抱怨:"这个行业不好做。"这样的案例屡见不鲜。为什么会出现这种情况呢?因为"太贪"。

太贪,不用心去了解客户,又怎么会赚到钱呢?

为什么前100位客户那么重要?仅仅因为前100位客户帮你赚到了第一桶金吗?不,目光不能那么短浅。

假如产品的单价是2000元,每件的利润是120元。有了前100位客户,如果每位客户购买一件产品,那么你可以赚12万元。

当你只关注"12万元"这一金钱上的概念时,你会怎么做?你或许会疯狂地发展粉丝,争取再赚12万元。但是,人的精力是有限的。

前100位客户对于你来说,绝不是赚到第一桶金这么简单。

前100位客户会告诉你他们的痛苦和无奈,也就是痛点。例如,皮肤不好是什么原因呢?100位客户至少能告诉你10种原因。为了使皮肤变好,他们买了很多护肤产品,花了很多钱,但是皮肤依然没有变好。如果你和客户深入地交流,你就能深刻体会到客户的痛苦和无奈。

在清楚客户的状况后,你就能帮他们分析并制定解决方案了。只有试着多了解客户,解决他们的痛点,他们才会对你产生信赖感,并使用你的产品。因此,前100位客户可以帮助你深入了解客户的需求。在创业初期,客户较少,因此你才有时间深入地了解他们。如果有上万位客户等着你去提供服务,那么你根本没有时间去逐一深入地了解。

从创业开始,我见过很多人。80%的人将心思全部用在新客户身上(包括曾经的我也如此),因为觉得新客户能带来更多的利润。

那么,前100位客户除了帮助你赚到第一桶金和有助于你深入了解客户的需求,还有什么重要的意义呢?答案是让你的创业形成商业闭环。

用心服务前100位客户,你就会明确:客户如何来—如何解决他们的问题——他们如何带来新客户。这样就形成了"客户开发—客户服务—客户口碑—带来新客户"的商业闭环，也就标志着你的创业实现了从 0 到 1 的突破，你就可以复制这种模式去扩大自己的产能了。如果你只关注如何开发更多的新客户，那么无论你付出多少心血，都难以形成商业闭环，也难以扩大产能。

因此，前 100 位客户对我们来说有三个重要意义：一是帮助我们赚到第一桶金；二是有助于深入了解客户的需求；三是形成商业闭环，实现创业从 0 到 1 的突破。

2.2 设计互动内容，让朋友圈"起死回生"

有的人担心没有人给自己的朋友圈点赞，担心自己的朋友圈被别人嫌弃甚至屏蔽。其实，朋友圈的内容是可以被刻意设计和精心打造的。

下面我便详细讲述在朋友圈发什么内容才能吸引别人与自己互动。

1. 发布互动小游戏——设置红包

（1）评论抽人送红包。

你可以在朋友圈发布一个话题，吸引好友互动。例如，我会问："大家都是因为什么关注我的？欢迎在评论区给我留言哦。我会从评论里抽 3 个人，给每人送 66 元的红包。"再如，我会问："大家是怎么看待××这件事的呢？欢迎在评论区给我留言哦。我会从评论里抽两个人，给每人送88元的红包。"

需要注意的是，奖励金额一定不能太小，否则大家会失去参与的兴趣。

同时，你在内心要做出判断。如果你觉得这条朋友圈发出去会有10个人点赞，那就设置规则为"抽一个人送红包"；如果你猜测会有几十个人参与，那就抽取2～3人送出红包。总之，中奖率由你自己把握。

（2）点赞抽人送礼物。

例如，我们可以在朋友圈发："点赞的第8位、第18位、第28位、第38位、第48位送遮阳伞/香水/书。"

2. 发布神秘活动，吸引大家关注

这种玩法适合在发布大事件前采用。你要记住，千万不能等到事情发生时才发布消息。

例如，我计划开一场24小时的直播，我会提前几天预热："明天有大事公布，大家一定要关注我的朋友圈哦，我会随机送出88份精美礼物！"

再如，我的自创品牌会在三月底上线，但是我会在二月份就开始预热，将大家的好奇心充分调动起来，吸引大家关注我的产品，这样产品一上线就能一炮打响。

3. 装傻，发朋友圈问一问

互动就是有问有答，因此互动的前提是要提问。

例如，我会拍不太常见的蔬菜或水果发朋友圈："这是啥，有认识的吗？"我还会在节假日即将来临的时候发朋友圈："这个季节适合去哪里旅游，云南还是三亚？大家给我点建议！"

其实，我心里早就有答案了，但还是会发朋友圈问一下。因为这样可以和我的微信好友有更多的互动，有利于维持和他们的良好关系。

如果你想做某个项目，又不想公布出来，那么你可以发"我最近想找一个项目，是护肤品有市场，还是减肥产品有市场？想听听你们的看法"。

这时，你会发现，不但有很多人和你互动，还会有很多人向你推荐他的项目。

凡是能成为互动素材的内容，我都会利用起来。例如，前几天我儿子嘴里长疱疹了，我带他看医生后发到朋友圈问大家该怎么办。很多人看到后给我评论，有的人还要给我送东西。

总之，大家在我的朋友圈中看到的所有内容都是我精心设计的。

4．每周一次送礼物——形成规律

我之所以能在朋友圈快速收获第一批粉丝，是因为我舍得花钱。

创业早期，我每天都免费送各种各样的100元以下的礼物，偶尔还会送200～300元的礼物。因此，新加的微信好友很快就能记住我。我给他们留下了大气、有钱的印象。

在送礼物的过程中，我们要经常夸自己"宠粉"，给自己立一个"宠粉"的人设。

5. 发起奖励式互动活动——猜对送产品

例如，我有两款类似的产品，我就会发一张敷面膜的照片，让大家猜是 A 产品还是 B 产品。

再如，你销售减肥产品，可以发一张使用产品前后的对比效果图，并配上文案"大家来猜一下，这个人花了多长时间瘦了这么多？第一个猜对的，送 ×× 红包/礼物"。

又如，你销售理财产品，可以在朋友圈发一张收益截图，并配上文字"大家来猜一下，这是多长时间的收益？第一个猜对的，送 ×× 红包/礼物"。

我们用以上几种方式推销产品不会显得突兀，也不会引起别人的反感。

在朋友圈设计互动内容，需要注意以下两点。

1. 一定要在朋友圈公布中奖结果

当送出奖品后，一定要把证明截图发在朋友圈。如果你不在朋友圈进行公布，别人就会认为你没送。所有的信任都是这样一点一点建立起来的。

同时，抓住每一次机会夸自己，如讲诚信、大方等。因为你每夸自己一次，就会加深别人对你的印象。

2. 反复提醒，让大家知道你在做活动

例如，"从点赞的好友中抽 3 个人，给每个人送一本书"的活动有 100 个人点赞，一周后你又发布了"点赞抽 3 个人送面膜"的活动，这时，你可以在上周发布的抽奖活动下面评论"今天又发布

了抽奖活动，大家快去点赞我最新的朋友圈参加活动吧"。这样在上次活动中点赞过的 100 个人就会去参加新的活动。

如果你不提醒，那么大家很可能刷不到。因此，你要反复提醒，确保参加活动的人足够多。

坚持做好以上互动，你积累的粉丝就会越来越多，你的业务也会开展得越来越顺利。

即使目前没有很多人给你点赞和评论，你也不要难过，不要气馁。因为互动本身就是一种积累，多做几次就会变好。

2.3 快速和陌生人熟悉的秘密

本节主要讲述把一个陌生人变成客户的线下成交攻略，希望能够给从事线下销售的人员带来一些启发。

第一步：让别人快速记住你。

（1）注意自己的形象。

我们不能素面朝天、邋里邋遢地出门，出门前一定要精心打扮自己。首先，要保证衣着干净得体；其次，要通过化妆修饰自己。哪怕只是简单地给脸上涂一层 BB 霜，用眉笔加深一下眉毛，涂点口红等。

爱美之心人皆有之。人们往往喜欢皮肤好、身材好、相貌好的人。与其抱怨周围的人都是"颜控"，不如精心打扮一下自己。当你自己都爱上自己时，你会超级自信，会觉得自己就是焦点，从而散发出强大的气场，让别人见一次就能记住你。

（2）主动向别人表达善意。

我以前从来不会主动和别人打招呼，因为担心得不到对方的回应。其实，这是我多虑了。自从我尝试主动跟别人打招呼后，我发现他们并没有我想象得那么不好亲近。聊天是一件很微妙的事情，聊天的内容很重要。我一般会选择对我比较关注的人作为聊天对象，而且会从对他表达赞美开始，毕竟谁都喜欢听好话。

在线下和别人交谈时，观察力很重要。一旦你发现自己的话得到了对方的认可，那就打开话匣子趁机多说一些，当聊得热络时可以适当进行一些肢体接触。这样在不经意间就拉近了你们之间的距离，加微信好友就是自然而然的事情了。

（3）抓住一切曝光自己的机会。

你要抓住一切曝光自己的机会，如自我介绍、主题分享会、经验分享会等。曝光得越多，别人对你的印象就越深刻。不要害怕出丑，只要做好充足的准备，我们的发言就会流畅自如。那些在线下场合默默无闻的人，永远不会被别人记住。

你要记住，成交的第一步是让别人记住你，而不是推销产品。

第二步：做好取得别人信任的三个关键点。

（1）加微信好友，进行持续的互动，并创造再次见面的机会。

怎么创造再次见面的机会呢？你可以从聊天时对方透露的工作和生活细节入手，如对方的兴趣爱好、对方的工作性质、对方有没有孩子等。基于其中的任何一个点，你都可以试着创造再次见面的机会。

在一场线下活动中，你可以尝试结交三个新朋友，和他们创建一个微信群，平时在群里多与他们互动，并不时地组织线下聚会。这样会使群里保持很好的氛围，也很容易让大家成为真正的朋友。

（2）创造体验产品的机会。

当你和对方见过两三次面、添加微信以后，对方自然知道你是做什么的。你不要直接向对方赠送产品的体验装，或者让对方购买体验装，而要请求对方帮忙。人和人之间要建立牢固的关系，关键点不是对方有需求，而是你有需求。

例如，开展一个"体验装优惠价40元"的活动就是一次非常好的寻求对方帮助的机会。你可以跟对方说："我要带领团队完成销售××份体验装的任务，你能不能帮我拍一个？"

如果你脸皮薄，担心对方拒绝，就给对方转款40元。不过，很多人不好意思收这个钱。但是这样的做法会让对方增加对你的好感。

（3）用一个人去打开突破口。

怎么理解这句话？在进入一个新的圈子后，你应该先想办法取得其中一个人的信任——这个人要有一定的影响力。

即便这个人只试用了体验装，但只要他能给出正面的反馈就好。你可以在几个人一起聊天时夸这个人眼光好，并引导他说出产品的优点。

第三步：拿出成交的秘密武器。

在做完上述步骤后，接下来你可以邀约对方参加沙龙活动。沙龙是一种能够促使成交的活动方式。在沙龙活动中，你可以很正式地进行专业科普，也可以很随意地和对方聊天、喝茶。

在进行专业科普的过程中，你可以穿插一些护肤痛点，教给对方如何查看产品成分。只有让对方觉得自己懂了，明白产品的价值了，成交才会更加容易。

需要注意的是，你要抓住对方的需求促进成交，而不要一开始就谈成交。除非对方的问题亟待解决，或者对方对你很信任，否则会弄巧成拙。

以护肤品为例，我会给对方一款单品。例如，对于皮肤炎症严重的客户，我会给他一瓶护肤水让他进行免费试用。

我不会着急与这样的客户成交，因为我相信他在几天后会主动来找我——对方看到了产品的使用效果，自然更容易成交。

那么，如果遇到皮肤状态比较好的客户，又该怎么促进成交呢？一定要懂得换位思考。

这类客户的皮肤状态不错，大多拥有很多其他同类产品，因此没有很强烈的购买欲。你可以根据这类客户的需求进行推荐。例如，他可能缺洗面奶，可能缺爽肤水，也可能缺面霜，那么你就可以进行单点突破，即用单品逐渐渗透。一般来说，还是有人愿意购买在沙龙活动中售卖的单品的。

当有人说某个单品（如洗面奶、面膜）好用时，我便会进行引导："你要是用上我的爽肤水，你会感到效果更好。你的皮肤在冬季不会干，也不会脱妆卡粉……"

如果对方感兴趣，我就会先让其购买一个套装，体验我的王牌产品——洗面奶、面膜、爽肤水。对方后续肯定是要买精华的，但当其提出单买精华时，我会拒绝。

优秀的销售人员不会刻意迎合客户，不过，拒绝客户也不能让对方感到不舒服。我一般会先这么说："亲爱的，你不要单买精华。

洗面奶、面膜、爽肤水都只能起到基础保湿的作用，而精华才是让你的皮肤变好的关键。"

然后，我会根据对方的痛点（如肤色暗沉、毛孔粗大、爆痘、敏感泛红、有法令纹等）进一步表述："我要对每一位客户负责，单买精华相当于浪费钱，因为只用精华无法立竿见影地帮助你改善皮肤状态。"

这样的表述会让客户觉得我是站在他的角度替他考虑的，让他感觉很舒服。

在通过以上步骤和对方熟悉后，对方极有可能成为我们的忠实客户。

如果对方没有成为我们的忠实客户，要么是因为对方对我们的信任度还不够，要么是出于其他原因。这时我们就需要一一去筛查原因了。

2.4 如何与客户建立信任

我在带团队的过程中发现，大部分人不知道如何与客户建立信任。下面我便和大家探讨一下这个问题。

在讲述这个问题之前，我先说三点需要注意的事项。

第一，不要急于介绍产品。

一个代理前几天问我："雨思，我今天联系了两三个目标客户，但是都没有成交，是不是我的沟通方式有问题呀？"

我问他："你是怎么和对方沟通的？"

于是,他便把聊天记录发给了我。我一看聊天记录,就知道问题出在哪里了。

一开始,他给客户进行了一番自我介绍。他着重介绍了自己带过多少人的团队,取得了哪些成就,能给对方提供哪些指导。

毫无疑问,客户看完这段自我介绍肯定一头雾水。客户不是微商,不关心你带过多少人的团队,也不关心你的成就,更不关心你能给他哪些指导。这段自我介绍很不合适。

在发完自我介绍后,这个代理跟客户就产品展开交流。代理问客户有哪方面的需求,客户说自己想瘦下来。接下来,这个代理没有询问客户的身高、体重,也没有询问相关的细节,而是开始向客户介绍自家产品的成分等,而且介绍起来滔滔不绝,根本不给对方插话的机会。客户只能简单回复"哦""好吧""好的"。

其实,初次和客户聊天,简单地说一句"你好,我是××,很高兴认识你"就可以了,没有必要和客户说太多。

在和客户还不熟悉的情况下,你不要急于介绍自己的产品。拿以上案例来讲,他在不知道客户的职业、身高、体重,也不清楚客户曾陷入哪些减肥误区的情况下就开始介绍自己的产品,非常不合适。

第二,不要只谈论自己。

初次见面怎样和别人聊天会让别人感到舒服呢?答案是不要只谈论自己,而应多谈论对方。

例如,你可以跟对方说:"你好,我是河北的,你是哪里的呀?""你看起来好亲切,请问是做什么工作的呀?""我看你的朋友圈经常发一些辅食的照片,你真是一个好妈妈!我都不怎么给孩子做饭。我真的好喜欢你发的那些东西,我觉得我们可以交流一下……"

每个人都在意自己,如果你只谈论自己,别人是不会长时间跟你谈下去的。因此,在与客户沟通的过程中,你要关心客户的工作和家庭,引导客户与你进行交谈。

第三,避免沟通一次后就不再联络。

"你跟每个主动加你微信的人沟通过多少次?都是怎么沟通的?"这是我经常问代理的问题。我发现,很多人在和微信好友沟通过一次之后,就不再问候对方了。

这种做法是不对的。因为这些主动加你微信的人有一定的精准度,他们对你有一定的信任。即使第一次沟通后没有成交,你后续也需要不断地跟进,这样能够提高成交的概率。

要想与客户成交,你一定要和客户建立信任关系。而要和一个陌生人建立信任关系,双方最少要接触七次。下面我就详细讲解如何与陌生人在最短的时间内接触七次。

1. 加微信了解对方

在加对方为微信好友之后,你一定要试着和对方沟通,以便更快地了解对方。

例如,有人主动加我,我发现他的头像挺漂亮,就通过了。之后,我主动给他发了一句话:"你好,谢谢你加我的微信,我很荣幸。"过了一会儿,他回复:"你好!"等了一会儿,我回复:"哎呀,你的头像好漂亮!"这句话瞬间拉近了我们之间的距离——我夸他就会给他留下一个良好的第一印象。

你一定要重视第一次沟通，尽量以亲和力更快地拉近彼此之间的距离。需要注意的是，在第一次沟通的过程中，你要夸对方，并避免只谈论自己。

即便对方主动加我并把我夸得天花乱坠，我也避免过多地谈论自己，并且谦虚地说："你也很优秀，我要向你学习。"不过，少谈论自己并不等于完全不谈论自己。在和对方沟通的过程中，你可以简单地介绍一下自己。

总之，第一次接触非常重要，它决定了别人对你的第一印象。

2. 再次交谈，捕捉对方的需求

例如，有人主动加我的微信，我通过浏览他的朋友圈发现他对如何确定小红书账号的定位及如何撰写小红书文案感到苦恼，于是我给他发送了一个关于如何运营小红书的文档。这样他就觉得"哇，她好用心"，那么，他对我的印象肯定不会差。

我们要做一个有心人，首先，认真观察对方的朋友圈，努力捕捉对方的需求；然后，投其所好，给对方提供帮助。

3. 主动提出可以帮助对方

在聊天即将结束时，你可以主动表明你可以给对方提供什么帮助。

例如，在聊天即将结束时，我会跟对方说："哎呀，跟你聊天太开心了！我是做销售工作的，干了七年多了，有着非常丰富的销售经验，还做微商，带团队。如果你以后有这方面的问题，就尽管来问我！"

在聊天过程中，你可以主动提出要帮助对方。即使对方以后不会向你寻求帮助，但是你主动提出可以提供帮助，也会让对方感到非常开心。

4. 通过点赞加强联系

看到对方发朋友圈，你一定要去点赞。你可以在你们第一次沟通后的第二天就给他的朋友圈点赞，第三天继续给他的朋友圈点赞，这样有助于让他记住你。

你在第一天给他留下了非常好的印象，在接下来的几天集中给他的朋友圈点赞，这样会加深他对你的印象。如果他在朋友圈发布的内容触动了你，你在点赞的同时还可以进行评论。这样做有助于增强你们的关系。

其实，运用好微信朋友圈的点赞功能有时会给你的生活和工作提供很大的助力。

5. 运用好朋友圈的"提醒谁看"功能

我觉得微信朋友圈的"提醒谁看"功能非常实用。记得有一位客户曾向我咨询产品，不过当时并没有成交。凑巧的是，那天我正好收到一个用户的反馈，这个用户的皮肤状态和他的皮肤状态特别像，我便将那条反馈发到朋友圈，利用"提醒谁看"功能特意提醒这位客户看。

这位客户在看了之后的第二天就来找我购买产品了。

微信的功能越来越强大，大家要尝试灵活运用微信的各项功能。如果你觉得自己即将发布的朋友圈内容和某人有关系，并且对其有一定的帮助，你就可以使用"提醒谁看"这一功能。

你之前给他留下了好印象，之后在他的朋友圈点赞、评论，现在你再发布对他有帮助的内容并提醒他看，那么，他对你的印象会越来越深刻。

这时，只要你不做令他特别反感的事情，也不频繁地打扰他，那么成交的概率就很大。

6. 在节假日给对方送上祝福

我不会在节假日给每位客户都发微信消息送上祝福，也不会给每位客户都送礼物，但是我一定不会遗忘那些潜在客户和多次购买产品的客户。

每当节假日来临，我都会给这些客户送上祝福，比如"××，××节快乐"，并发小红包（以私信的方式发送）。

红包的数额不必很大，即使只有5.2元也可以。大多数客户不在乎红包的数额是多少，而更在乎被人牵挂和重视的感觉。

7. 在适当的时候给对方提一些建议

前几天刷朋友圈，我看到之前一个向我咨询过瘦身产品的客户发了一条朋友圈"万能的朋友圈啊，有没有什么方法可以让我在一个月内快速瘦十斤？我要结婚啦"。

我看完后给她评论："亲爱的，以你的体重来说，如果在一个月内瘦十斤，身体会吃不消的。"

评论之后，我又给她发私信。我说："亲爱的，你的体重才一百斤出头，不需要一个月瘦十斤。其实，你一个月瘦五斤左右就可以了。如果你不想吃任何减肥产品也没有关系，你只需要适当地调整你的饮食结构。"

接着，我给了她一些饮食上的建议，还告诉她如果愿意运动，也可以适当运动一下。这样，不借助任何瘦身产品，一个月瘦五六斤是没有问题的。

过了半个月，她就找我购买产品了。

如果你看到某个人在朋友圈中提出问题，而这个问题刚好与你深耕的领域相关，或者与你销售的产品相关，那么你可以真诚地给他提出建议。在提建议的过程中，你不要推销产品，这样才会让对方信服你，并对你的产品产生兴趣。

通过以上几点，你已经和对方接触七次了。这时，如果你的朋友圈内容足够吸引人，那么成交就是水到渠成的事情。

2.5 学会这几招，复购源源不断

如何让客户死心塌地地使用你的产品、不断复购？在和客户谈业务之前要花时间和精力了解客户的喜好。

简单来说，我们不仅要和客户做朋友，而且要和客户成为知心朋友。当我们和客户成为无话不谈的朋友时，销售产品就是自然而然的事情了。

我们应该如何销售产品呢？首先，每个月都要抽出三五天的时间专门销售引流产品；其次，不要持有"将产品销售出去就万事大吉"的想法。在销售产品的整个过程中，我们一共有五次可以和客户深入沟通的机会，一定要好好把握。下面我以护肤品为例介绍这五次沟通良机。

第一次，刚成交时联系对方要照片。

刚成交时，我们要想尽一切办法让客户拍一张照片发送给我们。这张照片要能够清晰地展现对方的皮肤状态。这样我们便能通过照片大概了解客户对自己皮肤的要求，从而更好地"对症下药"。

第二次，发货后给客户提供快递单号，让客户注意查收。

发货后，我们要把快递单号发送给客户，并告诉客户大致到货时间，让客户留意物流信息，注意查收。另外，我们要提醒客户先验货再签收，如果货物存在问题，就拒绝签收。这样客户就会觉得我们的服务好，售后有保障。

第三次，到货后，第一时间教客户怎么使用。

在成交时客户问我怎么使用产品，我会直接告知。待客户收到货后，我会再给客户说一遍，因为我担心聊天记录太多，客户翻找起来比较麻烦。这样客户会觉得我很贴心，而我也有了和客户多接触一次的机会。

第四次，在收货五六天后，向客户要反馈。

在客户收货五六天后，我们就可以向客户要反馈了。我们不要直接询问客户使用效果怎么样，而要询问客户使用了之后感觉如何。因为效果在短时间内不会很明显地呈现出来，但是客户能快速给出对于体验感的反馈。在客户表示体验感还不错时，我们要下意识地引导客户购买全套产品，可以这样说："这两款还只是基础护理产品，要是用全套产品，效果会更好！"

第五次，开展活动时要通知对方。

基于前几次的沟通，我们和客户已经有了一定的信任度，因此开展活动时可以顺理成章地通知客户。

细节决定成败。如果将产品销售出去后便对客户不理不睬，我们就有可能流失很多精准客户。

那么，如何让客户持续复购呢？正所谓"得人心者得天下"，我们可以建立自己的粉丝群，培养大量的"铁粉"，使他们持续复购，这样我们就不愁销路了。

假如粉丝群成员不多，我们可以号召"铁粉"拉好友进群。他们每拉一个人进群，我们就给他们发一个红包。在早上和晚上，我们可以定时在群里发红包，以提升社群的活跃度，避免社群"死气沉沉"。在开展活动前，我们可以在群里发通知；当群里有人购买了产品时，我们也可以在群里发购买产品的截图和红包。

比如，当群里只有十几个人时，我们可以告诉他们"拉满50个人会发××红包，或者有××奖励"；当群成员超过50个人时，我们可以告诉他们"拉满100个人开展抽奖活动"。

这样做怎么可能培养不出一批"铁粉"呢？

眼光要长远，很多时候，我们花费较少的钱就能源源不断地获得收益。

下面具体来讲一讲当建好粉丝群后，我们该如何去维护粉丝群和转化粉丝。

1. 每周定期进行一次分享

我们可以分享自己擅长的，如穿搭、美食、护肤、摄影等。

有价值的社群自带吸金功能,也自带吸引力,很多人会自愿加入。在向社群成员分享自己的生活的同时,我们的个人魅力会得到提升。

2. 开展有目的的抽奖活动

我们可以在社群成员有空闲时间的时候开展抽奖活动,这样社群中的互动量会有保障,社群的活跃度会更高,从而达到事半功倍的效果。抽奖活动的奖品可以是产品试用装等。

3. 定期送礼物

拿我来讲,逢年过节出去旅游,我都会给客户带礼物。看似我花了不少钱——一份礼物价值几十元或上百元,却能换来客户的信任和持续复购。何乐而不为呢?

人心都是肉长的,有舍才有得,只有舍小钱才能赚大钱。如果客户购买产品后我们就对其不闻不问,那么在开展活动时再去联系客户,客户愿意理我们吗?

4. 有机会就相约线下见面

我建议大家,不管是出差还是游玩,如果去的城市刚好有"铁粉",那么最好提前打电话和"铁粉"相约线下见面。这样,这个人可能就成了你的代理。我们不要奢望付出很少就能很快获得回报。不急于求回报,好运会在不知不觉间找上门。

不要放弃任何一个可以让自己进步的机会,多与别人见面、交谈,我们才能遇事不慌、时刻保持自信。如今早已不是闷在家里穿着睡衣发朋友圈就能赚钱的时代了！虽然创业在短时间内不能让我们获得巨大的成就感，但是时间久了，我们的思想便会潜移默化地影响他人，并让他人认可我们。

我希望看完文章的你们，能够像我一样不断将自己的生活、产品和思想传播出去，让每一个刷到我朋友圈的人都觉得我很有魅力，我的产品很优质。

持续地用心去做一件事情，自然能让其变得更好。

第 3 章
销售心法：
创业的必备能力

本章主要探讨创业所需的必备能力，包括应该怎么运营社群，掌握地推策略、销售心法等内容，对这些内容进行详细阐述，能够帮助创业者更好地掌握成功创业所必备的核心技能。

3.1 应该怎么运营社群

随着社会的不断发展，粉丝经济越来越重要。粉丝即流量，流量即"钱脉"。因此，学会如何聚集流量，是运营好项目的重要前提。

下面我将向大家分享通过社群引流的方法。

你可以在自己的微信中搜索付费社群，如果没有，就去微博、知乎等平台搜索付费社群。需要注意的是，找社群不是根据价格去找，而是根据我们的能量去找。

如果你的能量小，就选择价格低的社群；如果你的能量大，就选择价格相对高一些的社群。

你可以这样做：如果你选择的品牌的代理门槛是3000元，就选择那种社群成员能负担得起3000元的社群；如果你觉得你选择的品牌价值十几万元，就去寻找那种社群成员能够负担得起十几万元的社群。总之，你要根据自身的能量去选择相应的社群，社群的付费能力要与你的产品的价值相匹配。

例如，我进了很多社群，有社群成员的消费能力在几十元到一两百元的社群，也有社群成员的消费能力在三四百元的社群。我进入这些社群的目的是吸引这些社群的成员进入我的社群。因此，你要根据自己的能量及想要的群体去寻找相应的社群。

在进群之后，你一定要和群主建立良好的关系。因为群主在他的社群中帮你做推荐至关重要。那么，在进群之后，你如何才能被别人看到呢？

如果进群之后一直"潜水"，你不会有任何收获，进群也没有任何价值。你要记住，付费的社群就是你的舞台，你要把自己打造成社群"明星"，让群内的人都记住你。

首先，将自我介绍准备好。你要把自己最棒的一面展现出来——不吸引人的自我介绍就算发出去也没有人看。你要把自己的业绩呈现出来，让大家一看就觉得你非常优秀，这样才会有人注意到你。因此，要么不进行自我介绍，要么将自己的魅力、成就充分展示出来。

其次，和群主建立良好的关系。你要明白群主创建社群的目的是什么，是互相交流、扩大他的影响力，还是销售他的产品。对于这一点，你一定要了解，因为只有了解了群主的需求，你才能"对症下药"。

对于这一点，我深有体会。我曾经进入一个社群，有一天群主发消息让我帮他销售产品，我便发了一条朋友圈。没想到的是，我发的那条朋友圈帮他销售出去很多产品，于是我就在这个群主的社群里和大家分享。群主看到后非常开心，在群里发了很多条感谢我的消息，还专门为此发了朋友圈。就这样，这个社群里的很多人记住了我。我记得那天有六七十个人请求加我为好友。

大家要记住，如果和群主建立了良好的关系，那么你在社群里的影响力一定不会太差。

再次，你要想尽一切办法"露脸"。例如，你在社群里发言之后，如果有社群成员回复你，你们就可以进行深入沟通。在沟通的过程中，你要让他感觉到你认可他。这样，当你主动加他为好友时，他一般会通过你的好友申请。

如果你在一个社群中没有存在感，那么当你突然请求加别人为好友时，别人大概率不会通过申请。因此，如果你进入的社群允许你添加其他社群成员为好友，那么你要经常赞美社群中的目标人选，不动声色地接近对方。在和对方深入沟通几次后，对方就会记住你，这时你再加对方为好友，对方一般都会通过。

最后，在群里做好输出。这是什么意思呢？发红包！

每当进入一个社群，我会先在群里发言："谢谢大家，很高兴跟大家一起学习。"然后，我会发10～20个红包检验这个社群的活跃度。如果我发出20个红包，5分钟过去了还没有被领完，那么我之后就不会再发了。如果我发出的20个红包很快就被领完了，就证明这个社群的活跃度很不错，之后我会再发几个红包。对于领了我的红包并说"谢谢"的人，我会马上加他为好友。

另外，一定要记得看社群里的通知。很多付费社群的群主都会让社群成员主动分享干货，你一定要抓住机会去分享。每分享一次，就多了一次被其他社群成员记住的机会。除此之外，你还要关注社群里有没有人提问题。如果群里的问题你正好可以解答，那你就抓住机会回答。这样时间长了，其他社群成员一定能记住你。

如果你没有干货可以分享，那么你可以在群里发笔记。例如，你可以在群里说："笔记整理好了，分享给大家。"这样的次数多了，大家便能记住你了。这时你再去加其他社群成员为好友，其他社群成员会更愿意通过你的申请。

通过社群引流难吗？其实并不难，做好以上几点就可以了。简单来讲，大规模地加入社群，高频次地在社群里发言，毫不吝啬地分享自己的收获、体会，这样你就可以在群里引流了。

3.2 掌握地推策略

地推，又称地毯式推广。地推与网络推广是相辅相成的两种推广方式，都是为了更好地推广自己的品牌或产品。

常见的地推方式有两种：第一种是扫码加好友送礼物，第二种是直接售卖产品。第二种方式对于销售新手来说难度太大，也不适用于大部分的产品。下面我着重向大家讲解如何将第一种地推方式做好。

有人觉得地推没有价值。你满脸微笑地把传单或小礼物递给迎面走来的阿姨，她看都不看便径直与你擦肩而过。尝试几次之后，终于有人接过你手中的传单或小礼物，你满心期待，结果对方只看了一眼就扔进了垃圾桶。

这种场景确实多见，但是如今如日中天的几大商业巨头在创业之初也都是依靠地推挖掘到第一批种子客户，从而为后来成为行业霸主奠定基础的。

我一直认为，虽然现在各种短视频平台非常火爆，但地推依然占据不可替代的地位。在新店开业、推出新产品时，地推是必不可少的。相较于互联网上的推广，地推的目标群体更精准，客户数据也更真实。地推的门槛很低，小型商家和大企业都能操作。小型商家和企业可以通过地推提升自己的知名度，发展新客户，扩大客户群体，从而为后期变现奠定基础。

要想将地推做好并不难，你只需要记住以下几点就可以了。

1. 做好成本控制

地推送的礼物要选好，每份礼物的成本必须控制在3元以内。你可以去网上搜索3元以内的低价好物，而且要尽量多选几种礼物。我们无法预知客户喜欢哪种礼物，多准备几种礼物可以让客户自行挑选。这样可以增加地推成功的机会。

有人可能觉得地推非常浪费时间，在外边站了很久一个好友也加不上。其实，每天花费两个小时进行地推，如果每天加10个好友，一年就可以积攒数量非常可观的客户。虽然借助地推积攒客户是一个笨方法，但是只要坚持做下去，就能获得很好的结果。

2. 不要立刻通过好友申请，可以隔一天再通过

做地推时客户加你为好友，你不要立刻通过好友申请，因为客户有可能很快就把你删掉了。而隔一天再通过好友申请，立刻向其发送一段话并附上一个小红包，留住客户的概率会大幅提升。例如，你可以告诉客户"我是昨天在地铁站送你礼物的那个人，谢谢你加我为好友，新年快乐"，并给他发一个小红包。这样，你留住客户的概率就会大很多。如果你通过客户的好友申请之后什么也不说，那么客户可能根本想不起来你是谁。

3. 如果自己没有时间进行地推，可以雇人去做

如今，很多网站都可以发布招聘信息，你可以在网上发布招聘

信息，雇人在校园、地铁站、商场附近等人员密集的地方进行地推。

其实地推很简单，无非就是先准备好礼物，然后主动去和陌生人沟通。如果自己有时间就自己去做，如果自己没有时间就找兼职人员去做。

例如，我在2016年曾做过地推。那时我带着从网上购买的很多漂亮的气球去大学城做地推。我手握各种气球，见到女生说"美女，扫码免费送气球"，见到男生就说"帅哥，扫码免费送气球，你可以领一个送给女朋友哦"。就这样，短短两个小时，我加了五六百人为微信好友。

做地推真的非常简单，选好礼物，主动和别人交谈就可以了。如果对方愿意加微信好友，那再好不过了；如果对方不愿意加微信好友，也没有关系。有的礼物很有质感、价值稍高，如果你不愿意免费送，可以设置门槛，如支付0.5元或1元即可领取礼物。设置合适的门槛很重要，比如领取一个气球需要支付5元，那显然是不合适的。

在这个时代，闷声发大财的案例不多见了。与其在家等待客户上门，不如主动走出去看看外面的世界。只有多与同行、潜在客户沟通，才能取得进步。

做地推，不仅可以让我们直接与目标客户接触，还可以宣传产品和品牌。一次成功的地推活动可以产生多种效应，在短时间内聚集很多客户，使他们更加全面地了解产品和品牌的优势，提升他们对产品和品牌的信任度。

如何做地推就分享到这里，希望大家能够灵活运用这些方法，大胆地去做地推，迎来事业的稳步提升。

3.3 实用销售心法大揭秘

心法是销售的核心,销售的一切思维都是从这里开始的。对于"心法",每个人的感悟不一样。接下来我便将自己的销售心法分享给大家,希望能给大家带来一些帮助。

第一条:思维决定行为,行为决定结果。

你身边有没有这样一种人:经常把"我能怎么办""都怪××""他那是运气好,我就没那么好的运气了"这样的话挂在嘴边,整天没完没了地抱怨,一有机会就向别人倒苦水,总是一副苦大仇深的样子。

在日常生活中,相较于没办法,想办法才是正确的生活态度;相较于诉说,停止埋怨、忽略痛苦、砥砺前行才是正途。埋怨、排他和消极是生活中的毒药,是我们应该戒掉的东西。它们会悄无声息地潜入我们的生活,遮蔽我们的视线,使我们看不到生活中的阳光和希望,甚至会逐渐侵蚀我们的思想。

很多人不相信自己可以改变,不相信自己可以成功,甚至觉得自己不配赚很多钱。你知道是什么阻碍了你成功吗?只有三个字:不相信。

即使你什么都不会也没有关系,因为没有人天生什么都会,你可以学习。但是,如果你不相信自己能有一番作为,那么谁也帮不了你。你要记住:这个世界不会因为你的抱怨而变得更好,能够改变你的生存环境的只有你自己。

第二条:一定是我没讲清楚,我再跟你讲一遍吧!

很多人在向客户介绍产品被拒绝后就会选择放弃。

其实，被客户拒绝是一件很正常的事情，我们购买产品时也常常会陷入纠结。这时，你不要慌，也不要放弃这位客户，而要告诉自己：客户拒绝我一定是有原因的，可能是我没讲清楚，我要想办法打消对方的疑虑，争取成交。

拿你的朋友圈举例来讲，如果你的朋友圈没有能够吸引别人购买的内容，别人自然不会购买；如果你的朋友圈的内容有足够的吸引力，别人自然会主动联系你购买。

客户拒绝你一次，你就选择放弃，那就相当于免费帮别人培养客户。为了不让自己的努力白费，你要为自己争取机会，你可以说："一定是我没讲清楚，我再跟你讲一遍吧！"

这样，或许你就能迎来成交的机会。

第三条：坚信自己得到报酬是因为自己提供了优质的产品和一流的服务。

很多刚进入这个领域的经销商总是被这样的想法折磨：我的朋友会不会觉得我在赚他们的钱？我这样向他们推销产品是不是不太好？他们用完试用产品向我要正装产品，我向他们收钱是不是不好，毕竟我们是这么多年的朋友……

实际上，我之所以有今天的成就是因为我相信自己。我相信自己值得信赖，我相信自己的产品能给对方带来帮助，我相信自己的优质服务应该得到回报。

因此，你应该摒弃那些乱七八糟的想法，在成交的那刻请告诉自己：我之所以得到报酬，是因为我提供了优质的产品和一流的服务。

第四条：因为我希望你越来越好，所以我要努力成交。

你是想赚客户的钱,还是想帮客户解决问题,客户是可以感觉到的。很多人之所以做不好销售,就是因为没有参透这句话。如果总是想着如何赚客户的钱,而不是想着如何帮助客户,那么客户根本不会购买你的产品。

因此,你要抱着"因为我希望你越来越好,所以我要努力成交"的心态为客户服务,用你的产品帮助客户解决问题。这样你自然不会产生不好意思成交的想法,而与客户成交的概率也就大幅提升了。

举个例子,小明进入一家保险公司成了一名业务员,他有一位朋友很爱买保险,但是小明没有把自己转行卖保险的事情告诉这位朋友。小明很想让这位朋友从自己这里买保险,于是每次和这位朋友聊天时都会向他科普保险知识并聊一些保险产品。然而,小明迟迟没有开口要求这位朋友从自己这里买保险。后来,小明的这位朋友根据他的建议,从别的业务员那里购买了他推荐的保险产品。小明听说后很生气地质问朋友为何不从自己这里买保险。他的这位朋友一脸无辜地说:"你从来没跟我说过你在卖保险啊,也从来没说让我找你买啊!"

其实,小明只要开口对朋友说"我发现这个保险产品很适合你,你可以找我买",那么,他的这位朋友一定会在他这里购买。可是,小明就是张不开嘴。

很多销售人员在和客户聊天时也会这样,向客户介绍了很多产品,却没有对客户说"你要找我购买"。很多时候,虽然只是少了这样一句话,但成交便与你擦肩而过了。

以上四条，请大家牢记在心里，并在和客户沟通时灵活运用。坚持下去，我相信在不久的将来你的业绩一定会突飞猛进。

3.4 为什么我能两天卖出 20 万元的产品

我只用了 6 天的时间，就实现了 30 万元的销售额。短短两天，销售额就达 20 万元。你是不是觉得难以置信？

下面我就揭晓我两天取得 20 万元销售额的秘诀。

秘诀一，建立并维护"铁粉"社群。

我有三个总人数将近 1300 个成员的"泛粉"社群，由于没有时间用心运营，我将它们解散了。随后，我将最近几个月向我购买过产品的人拉到一个新的社群里，开始用心经营。

我每天都会在社群里送福利，如发红包、送小礼物等。每天花费几十元做活动就能把"铁粉"社群运营好，这难道不是很有意义吗？我每卖出一单，就会在我的"铁粉"社群里发一个红包。这样，这个社群里的"铁粉"便会知道我在开展活动。

如果购买产品的客户在社群里，我便会 @ 他，从而让社群里的人加深印象。社群里的老客户也会帮我说话："活动快结束了，大家赶紧去找雨思买吧！赶紧帮雨思冲业绩……"

这和带团队是一样的道理，你不用在乎团队中有多少人，你只需要明确团队中有多少人信任你、支持你。虽然我的"铁粉"社群中只有 100 个成员，但他们的忠诚度很高——这个社群中的 100 个人是在最近几个月和我进行过交易的人。其实，还有很多客户从我这里购买了产品，但三四个月还没用完，我便没有将他们拉进这个社群。

挑选近期成交的客户将他们拉进"铁粉"社群，让其享受"铁粉"服务及"铁粉"福利，会让你的成交量猛增。如果你还没有建立一个属于你自己的"铁粉"社群，那么你现在便可以开始行动了。

如何挑选"铁粉"由你自己决定。"铁粉"可以是一个月内和你进行过交易的客户，也可以是两三个月内和你进行过交易的客户。交易的金额也由你自己决定，可以是几千元，也可以是上万元。总之，你可以按照自己的标准筛选出一批真正的"铁粉"。

无论你现在是否已经开始销售产品，我都建议你创建一个"铁粉"社群。需要注意的是，"铁粉"一定是那些真正愿意花钱购买你的产品、真正相信你的粉丝。

秘诀二，在朋友圈刷屏。

你不能成交一单就发一条朋友圈，没有成交就不发朋友圈，这样做什么作用都没有。如果你一天断断续续地发10条朋友圈，那么别人在刷朋友圈时可能只能刷到你的二至三条朋友圈，其余的可能刷不到。

我会短时间内在朋友圈连续发交易成功的图片，一次发一张，5张起步。因为只有在短时间内集中刷屏才能产生一定的效果。尤其到了活动的最后一天，你一定要在朋友圈刷屏。

可能有的人会说："雨思，我没有你那么厉害，没有办法卖这么多！"

没关系，你可以用团队中其他人成交的图，把成交的过程发到朋友圈。

在朋友圈中发这些图,是为了突出产品很受欢迎,客户纷纷购买。在自己还没有出单时,你不能造假,盗用网上的图片发朋友圈,但是你又不能不发。因此,解决这个问题的办法之一就是"借鸡下蛋",即借用团队的图进行宣传,这是一个很常见且很有效的方法。

在朋友圈宣传产品,不要一条一条地发,这样起不到任何作用,一定要"连环轰炸"。例如,我曾采用"连环轰炸"的方法把自己使用产品之后皮肤和身材的变化展现出来。朋友圈发出没几个小时,就有好多客户找我下单。

我不轻易发朋友圈,一旦发朋友圈,就一定要产生业绩。

你一定要运用好在朋友圈刷屏的宣传方法,让你的业绩得到迅速提升。

秘诀三,刷屏搭配有吸引力的文案。

对于在朋友圈发布的文案,你要精心打磨,一定要将每位客户成交、反馈的情况交代清楚,让别人很快就能明白这位客户的大致情况。例如,客户在你这里消费了多少元钱,你们两个认识了多久,都要在文案里表达清楚。

这是为什么呢?

因为看到这个文案的人可能和这位客户拥有同一种身份、肤质、身材或问题。你要让看到这个文案的人产生共鸣。

例如,针对某位客户,我在朋友圈文案中着重介绍了四点:第一点,他是新粉丝;第二点,他是通过微博联系我的;第三点,他觉得我很真实;第四点,他觉得自己的皮肤不好。这四点就可以让同样是新粉丝，同样是微博引流来的，同样觉得我还挺不错的，同样皮肤不好的人，看了这个文案后产生心动的感觉。

再如，我有一条朋友圈是描述瘦的人还想再瘦一点的情况，这条朋友圈主要是给那些体重基数很小的人看的。在这条朋友圈中，我着重介绍了两点：第一点，90多斤的体重基数；第二点，对自己的身材不满意，想要更瘦。

对比这几个文案，你是否有了一些发现？我们发出的朋友圈不仅要刷屏，还要让看了的人产生"他用了产品有效果啦，我跟他一样，我也要买"的感觉。

以上三点就是我在两天内销售额达20万元的秘诀。大家可以灵活运用。期待大家在运用这几个秘诀之后业绩不断提升。

第4章
社群运营：
垂直定位，公司化运作

本章将教你如何巧妙地借力社群，轻松地爆粉、爆单，让你的收益倍增。我将分享一些实用的方法和技巧，帮助你打造高效、有影响力的社群，从而挖掘更多的商业价值。

4.1 销冠的秘密：建立自己的客户群

很多人虽然已经开始运营自己的社群了，但是成交的客户还是很少。下面我讲一些运营社群需要注意的点，你可以对比一下，看看自己在哪些方面没有做到位。

第一个需要注意的点是你应明白社群是分很多类型的，如粉丝群、VIP 客户群、普通客户群等。

那么，如何判断你要创建什么类型的社群？这非常简单，有两个标准：一，如果你的客户比较多，那么你可以不把没有成交过的客户拉进群；二，如果你的客户不多，那么你不需要设定标准，只要是成交过的客户——即使他只购买了 49 元的产品试用装，也可以拉进群。

因此，首先应梳理所有和你成交过的客户，对于客户基数小的销售人员来说，这一步非常重要。例如，我的一位学员梳理了所有从他那里购买过产品的客户，包括购买了 49 元、99 元产品试用装的客户，并把他们统一拉进一位客户群里。他拉客户进群的邀请语非常简单："谢谢你的支持，这是我为了回馈老客户专门创建的社群，每两三个月或节假日，我会在社群里给客户送礼物。请你加入社群，以免错过福利。"

对于这样的表述，一般来说，客户不会拒绝进群。如果客户拒

第 4 章 社群运营：垂直定位，公司化运作

绝了，你应该怎么办呢？你应该放平心态，因为这样的客户黏性不高、很难再次成交，所以他是否进群也没有太大意义。

在创建了社群之后，你应该如何运营社群和维护客户关系呢？其实特别简单，你只需要遵循两个原则。

第一个原则：你要像和闺蜜聊天一样在群里和客户进行交流。例如，我平常出去游玩看到好看的风景、吃到美味的食物，或者买到好用的化妆品、漂亮的衣服，我都会在群里分享。

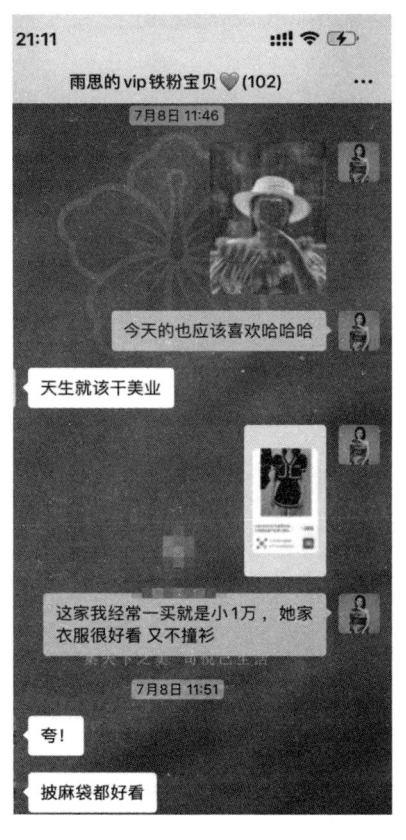

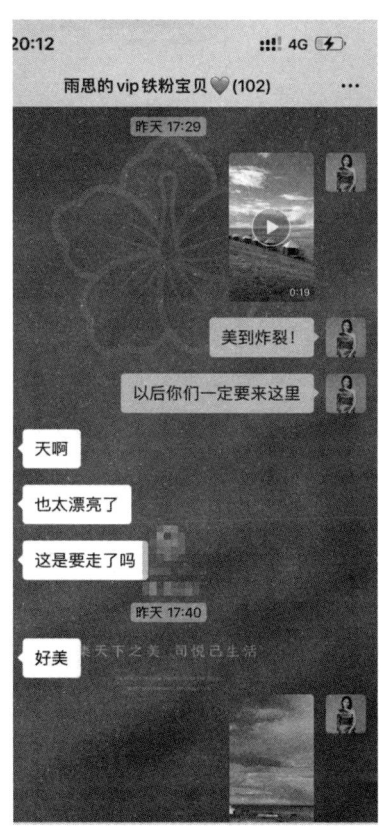

每隔两三天，我就会在社群里发言，有时是和社群里的粉丝聊天，有时是分享自己敷面膜、使用护肤品的照片，并顺便问一句："你们在用没？我刚做完护肤，皮肤真好。"

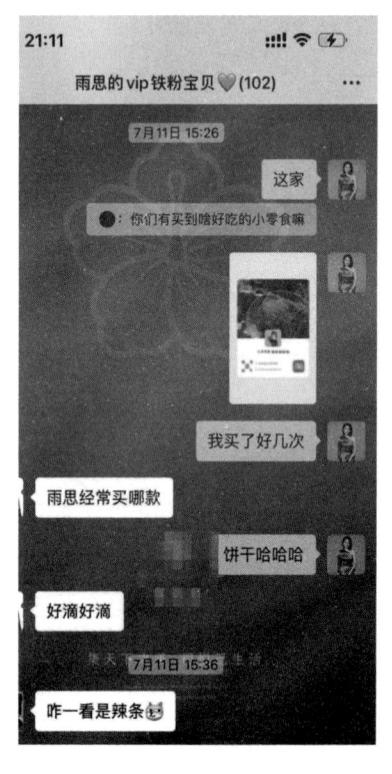

你要记住一个关键点：像和闺蜜聊天一样在群里和客户进行交流，不要担心没有人理你。如果没有客户理你，可能是因为你的开场白很尴尬，没有激起客户接话的欲望。

你要学会找话题，就像我这样，将好看的衣服、美味的食物、好看的风景分享出来。这样大家一看到就忍不住感叹"真好看""真美"，那么，你们就可以很自然地聊下去了。这样的客户群能够帮助你快速和客户建立信任关系。

第二个原则：你要学会适时地在群里送礼物，注意送礼物时要@所有人，让所有人都看到，吸引更多的人参与，让他们主动给你地址。

需要注意的是，你不要私信客户，因为没有意义。那些主动给你地址的人，往往可以和你建立更强的连接。例如，我的一位客户群里有100位客户，我在群里发了一条消息："在中秋节来临之际，我会给大家送上中秋礼盒。只要给我地址就会给大家送上哦。"

最终，有 80 多位客户给我地址，这意味着这 80 多位客户一直关注着这个社群，忠诚度相对较高。如果以后我想一对一向客户推广产品，这些客户就是重点对象。

运营社群是有技巧的，向客户送礼物也是有技巧的。一些销售人员向客户送礼物往往采取私信的方式，这样只有客户本人能看到，不会产生很好的效果。而在客户群中@所有人，让所有人都能看到你即将赠送礼物的消息，这样可以让所有人看到你的大方，感受到你对他们的重视。同时，你也可以真正了解，谁是能够和你建立强连接的人。

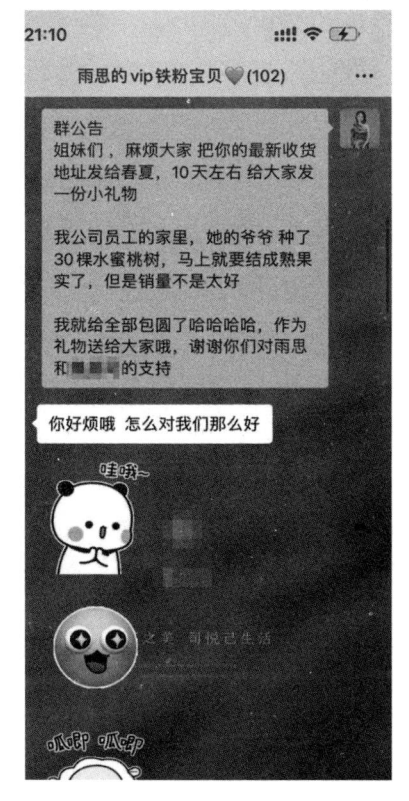

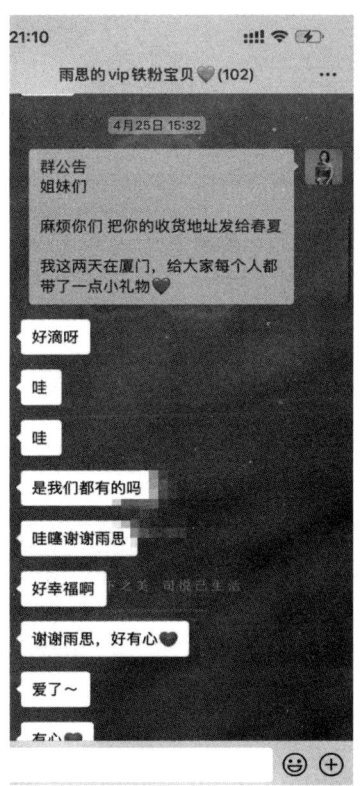

即便群里有客户没给我地址，我也不会主动去问，我要等他们主动给我地址，因为这样有助于我筛选出黏性高的客户。

另一点需要注意的是社群直接关系到你的销售额。

创建社群、运营社群的最终目的是成交。我在朋友圈很少发与产品相关的内容，可是为什么我依然能卖出那么多产品？因为我将社群作为成交的主阵地，而运营好社群、促进成交只有一个秘诀：直接。

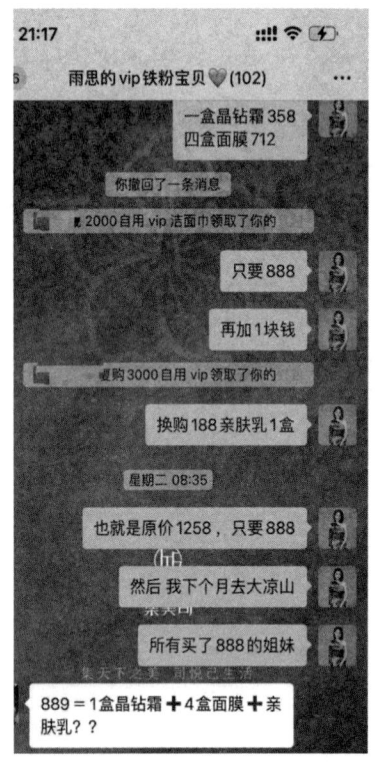

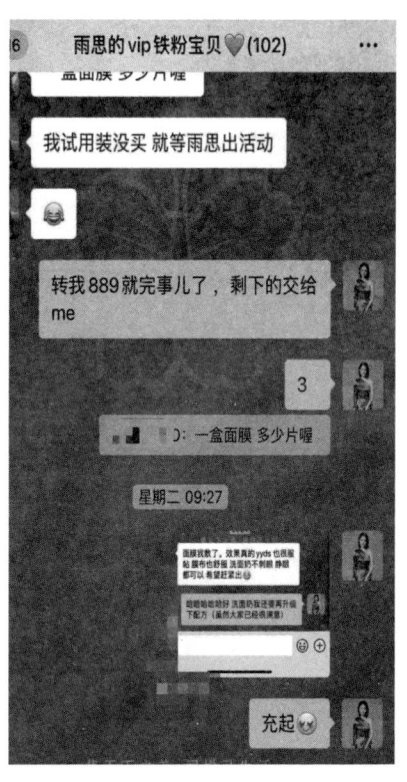

每次开展活动前，我都先在社群里发一个红包，然后直接公布活动，不啰唆地铺垫很多。无论客户是否在社群里回应我，在活动

期间，每天我都会在社群里提醒客户我正在开展活动。我还会不断地在社群里发客户反馈图等。

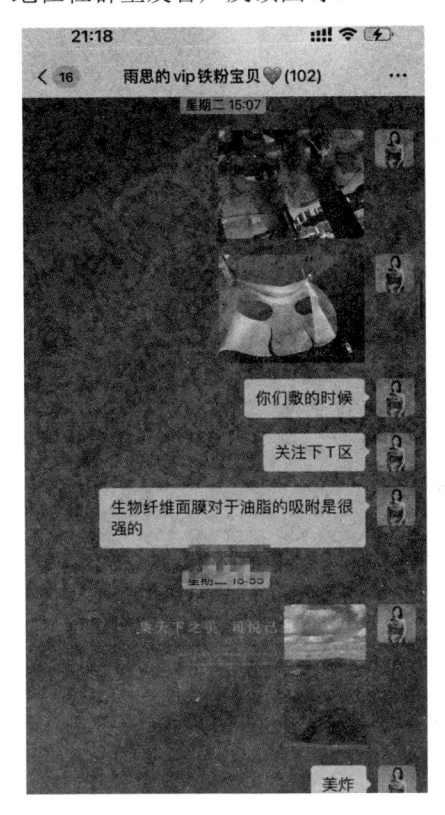

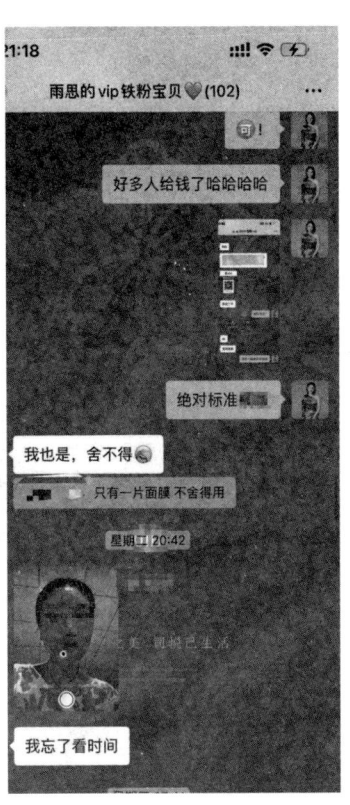

就算客户不在社群里回应我，我依然会一直发和活动相关的内容。因为虽然很多客户不回应我，但是他们有可能在安静地浏览社群里的消息，所以活动是可以触达他们的。

社群中的内容和朋友圈中的内容不一样。对于朋友圈中的内容，客户是否能看到，其实是随缘的。但是对于社群中的内容，客户有很大概率会看，这样客户就会被迫接收你的广告。

有时我可以在十几分钟内成交三单，比如在活动即将结束时我会在社群里再次提醒客户,用紧迫感促使客户下单。如何营造紧迫感呢?很简单,你只需一张图片+"明天没了"这句话就可以了。

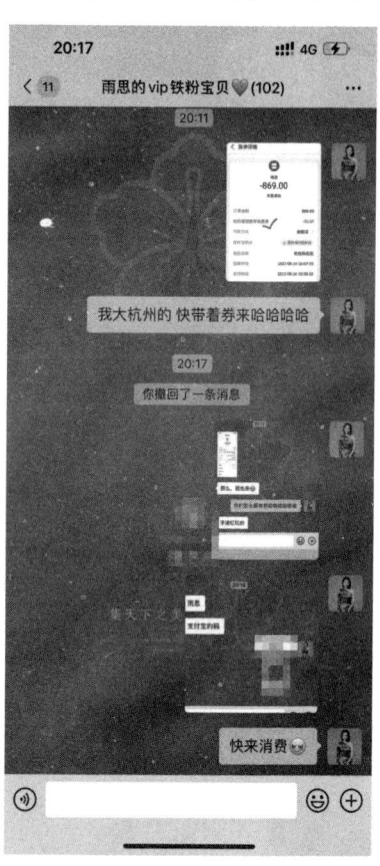

在紧迫感之下,我往往能够成交几单,然后我会把成交的截图发到社群里,以吸引其他客户赶紧来买。

如果有客户反馈,我会直接把反馈截图发到群里,再次提醒大家正在开展活动。

例如,我在将以下反馈截图发到群里后,立刻成交了四单。

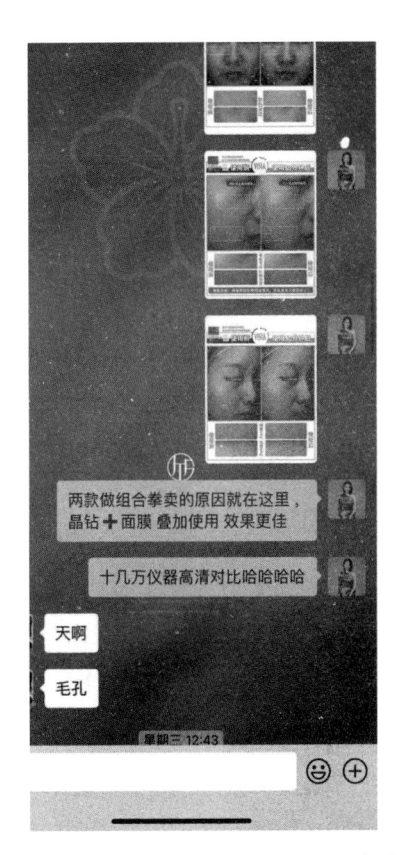

我不需要在朋友圈推广产品，也不需要和客户私聊，我只要把社群运营好，每个月的销售额就会很可观。

有人认为，客户会觉得打广告烦。实际上不会。只要在日常运营中你和客户已经建立了良好的关系，而且客户也知道你正在开展活动，那么客户就能够接受你在群里频繁打广告。

当你把社群运营好之后，社群中的成员是多还是少，其实没有很大的关系。例如，你的社群里只有 10 个人，可是每个月都有 5 个人复购，这样已经很不错了。而且这 10 个人可能还会转介绍他们的朋友购买你的产品。

反之，即便你的社群里有几百个人，但是你不用心经营社群，没有和客户建立信任关系，那么你的成交量也不会很可观。而且，社群成员越多，你需要送的礼物、发的红包越多，反而会承担更多的成本。

因此，提升销量、向销冠进发的一个重点是，你要创建属于自己的客户群。即便客户群里只有三四个人，但只要客户黏性高，他们的消费力也可能超过四五十个普通客户的消费力。

举例来讲，我的客户群只有购买过2000元以上产品的客户才能进。即便我每个月什么活动也不开展、一条朋友圈也不发，这个社群里也能产生10万元以上的销售额。

很多人一直没有着手创建客户群，不是因为觉得这件事很难，而是因为太要面子。这些人往往有这样的想法：我才拥有十几位客户，太少了，万一客户知道了，那多不好意思。其实很简单，有这种想法的人可以换一种表达方式，比如"只有VIP客户才能进这个群，普通客户进不了，我会用心服务好你们，因为你们都很相信我、支持我"。客户不在意群里有多少人，更在意被人重视的感觉。

还有一些人觉得自己无法坚持运营社群，认为只在群里发广告、发红包没有特别大的意义。有这种想法的人没有真正理解将社群运营好的意义是什么。

我运营好社群的意义就是，我可以花费较少的时间、精力、金钱培养一批"铁粉"，让他们一直跟随着我。这样，除了经销商，我还有一批忠实的客户能够在我开发产品时给予我帮助。

你要给你正在做的事情赋予意义，这个意义不一定要和金钱有关，但是只要有意义，而且你用心去做了，金钱就会向你涌来。

你不要担心运营不好社群，事实上，大部分社群半年左右就会归于沉寂。这和你如何运营没有太大关系，而是大部分社群的寿命就是如此。我经常创建新的客户群，因为有的客户可能进群半年或者一年都不购买产品，所以我要将这类客户筛选出去。

在社群中促进成交的一个秘诀就是"直接"，因为客户也清楚你邀请他进群的目的。社群里有成交、有广告、有福利，也有对美好生活的分享，偶尔还有"鸡汤"，这样的社群会让客户觉得很活跃，而大部分客户都喜欢这样的氛围。

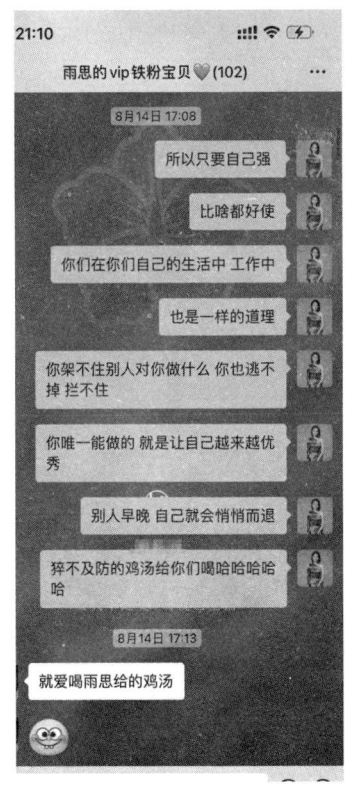

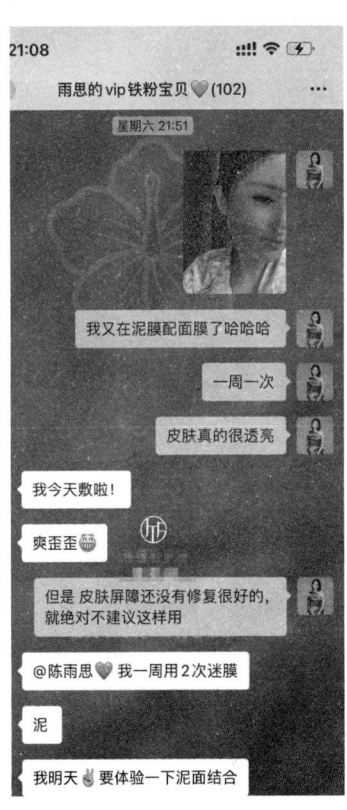

有的销售人员从来不在群里发自己使用产品的图片，担心自己的素颜曝光。实际上，刻意在客户面前维护自己良好的外在形象没有必要，反而会让客户感觉和你有距离。你的最终目的是成交，因此你要将内心的纠结、犹豫等破除掉。

我从来都不觉得卖货是一件困难的事情，我也从来不觉得维护客户是一件很难的事情。到底难不难呢？关键看你怎么做。而在这些方面，我的经验很丰富。

几乎与所有零售客户的成交，我都是通过运营客户群实现的。我不喜欢在朋友圈推广产品，因为在我看来，产品是基础，而如何通过运营社群促使客户成交才是重要的底层逻辑。

执行力强的人，客户维护做得还不错的人，就可以着手创建自己的客户群。如果你还没有准备好，就要学习经验、方法，尽快创建自己的社群。

总之，你一定要行动起来，只要用心去做，就会获得回报。

4.2 借力社群，让收益倍增

我经常说一句话：好内容不一定是你听了觉得"哇"的内容，而是你听了能够引起自己的重视，并愿意付诸行动的内容。

下面我会向大家讲清楚几个问题：你为什么必须运营社群？运营好社群你可以得到什么？不运营社群你会失去什么？

在私域变现过程中的核心环节有哪些？

首先，引流；其次，连接；再次，体验产品；从次，客户下单；最后，客户收到产品，你为客户服务，与客户建立信任关系。

销售是从什么时候开始的？从你把产品卖给客户的那一刻起，销售才真正开始。

为什么我们要精细化运营社群？因为我们要让客户从知道我们到了解我们，从泛泛之交到为我们付费。我们要尽力提升品牌影响力和个人影响力，而不只是单纯地卖货。

很多销售人员至今都没有运营社群。不是因为他们不会创建社群，而是因为他们不知道社群对于他们来说意味着什么，不知道社群建立之后可以带来什么价值。

如今，每个人的微信里或多或少都有一些社群。例如，你家小区楼下的水果店社群，你平时经常买衣服的门店的社群。

有的人认为，运营社群没有什么难度，无非就是群主在社群里面发几条广告和优惠信息，没有任何技术含量。然而，有的群主可以将社群运营好，有的群主却会使社群逐渐沉寂。

我们不要轻视社群能给我们带来的价值。你或许觉得，"即便我创建了社群，社群里也不会有人理我"。但是你仔细想想，你在别人创建的社群里不是也这样吗？你理那个群主了吗？但是影响人家赚钱了吗？妨碍人家出单了吗？答案是否定的。

对社群的认知不够，导致很多人一直没有创建社群。

对于四大基本商业要素，即流量、产品、销售、服务，很多人并不真正了解，有的人可能了解一两种。社群凝聚了这四大要素，也就是说，这四大要素可以在一个社群中体现出来。

我在朋友圈不会发产品的广告，但是这完全不耽误我卖货。

在一次开展洁面活动时,我朋友圈中一条关于洁面活动的内容都没有,但是我依然销售了四五百个洁面产品。为什么呢?因为我有社群,我只需要在群里发通知,大家就能够看到。

以往,很多活动只能在线下开展,但是如今,我们可以把线下门店的产品、活动迁移到社群中,因为社群可以突破空间上、时间上、人工上的限制。

只要你在售卖产品,不论是虚拟产品还是实物产品,都可以迁移到社群中。而且,你可以通过社群提供一对多的服务,从而服务更多的人,这就是社群的魅力。

社群是什么?社群就是首先一个人去影响一批人,然后一批人之间相互影响。

什么是一批人之间相互影响?就是今天有一个人购买产品后在社群里发布消息,其余人看到后可能会想"哇,你买了,那我也买吧"。在使用产品后,一个人在社群里说"我用了产品,觉得挺好的,你们可以放心购买",这样就可以吸引更多的人购买。

社群运营的核心在于我们可以通过社群形成批发式成交。

社群本质上是什么?是一群人在社群里共同做一件事情。只有这群人是基于相同价值观聚集起来的,才有可能把事情做好。例如,社群成员有共同的兴趣、共同的追求、共同的目标。这样聚集在一起的才能称为社群。

百果园的社群里什么人都有,为什么还能够将社群运营得很好?因为它在全国有很多门店,它的客户基数足够大。

想要运营好社群,我们就要先打破六个对社群的误区。

第一个误区：微信群就是社群。

其实不是的。社群的范畴大于微信群的范畴，微信群只是社群的一种形式。

第二个误区：社群中的人越多越好。

当然不是。目前，我的"铁粉"群中只有一百零几个人，但是我每个月实现六位数的销售额很轻松。

第三个误区：社群越热闹越好。

答案是否定的。如果你的社群中每天都有很多人在闲聊，这是不利于社群定位的形成的。如果社群平时很安静，但有活动时人们的参与度很高，这样的社群也是成功的。

第四个误区：社群生命周期越长越好。

答案是否定的。很多人之所以不敢创建社群，是因为担心在创建之后，社群两三个月就"死寂"了。实际上，社群生命周期的长短取决于社群类型、建群目的等因素，只要目的达成了，社群的价值就释放出来了。

几乎所有的社群最终都会走向解散。如果你创建了一个社群，却永远不将其解散，你就无法形成运营社群的真正闭环，因为你并不知道解散后会发生什么事情。

第五个误区：社群就是用来卖货的。

答案是否定的。社群有很多价值，除了可以在社群中卖货变现，我们还可以结识很多朋友，收获人脉、机遇等资源。

第六个误区：社群"夭折"表明自己没有运营社群的能力。

无论成功与否，如果你没有尝试运营过三四个社群，说明你连社群运营的"大门"都没进去。我们既然决定去运营社群，就必须做好社群"夭折"的心理准备。

接下来我讲解一些常见的社群。

1. 快闪成交类社群

对于这类社群，我一般只运营几天就解散。这类社群适合开展短期活动，因为这类社群有助于快速聚集人气。通常，只要活动一结束我们就可以将其解散。

2. 产品福利类社群

这类社群可以用于为客户提供优惠活动。

3. 兴趣类社群

例如，我有一个名为"高质量女性"的社群——一个典型的兴趣类社群，一群创业女性在社群里讨论怎么赚钱。

4. 学习成长类社群

例如，社群中的成员一起减肥、一起跑步、一起看书，互相帮助，互相鼓励。

现在你可以好好想一想：如果当下你只能选择一类社群来运营，那么，哪类社群适合你呢？

为什么很多人赚不到钱？为什么同样做一件事情，有的人做不好？因为他们只考虑自己喜欢做什么、想做什么，但是从来不考虑别人需要什么,或者自己被谁需要。

你一定要记住:在不同的阶段,你要运营的社群是不一样的,你不可能长期只运营一个社群。你可以同时运营几个社群,将不同的受众拉进不同的社群,在不同的阶段运营不同的社群。

你要认真思考:你可以创建一个怎样的社群?在创建社群之前,你需要给意向客户发送一段怎样的话?

在私聊意向客户时,你可以遵循以下五步。

第一步:你要写清楚你为什么要创建这个社群。你要适当地包装、升华你的目的,而不能直白地表示"我想赚钱"。

第二步:价值塑造。你基于什么创建社群?因为你很优秀、很棒,拥有很多客户资源,所以想要创建社群与客户建立深度连接。

第三步:你要告诉客户他为什么一定要进入这个社群。你要戳中对方的痛点。

第四步:你要表明你凭什么帮客户解决这个痛点,客户进入社群之后能获得什么。

第五步:你要营造一种紧迫感。例如,你可以说"今天晚上,我就要在群里发××元红包",或者"我将要在群里开展抽奖活动",这样更能吸引客户进群。

如果你邀请客户进群,但被拒绝了,就不要强求,否则即便这位客户进群了,也是低质量成员。实际上,邀请好友进群可以使你得到一批精准客户。

4.3 轻松打造爆粉、爆单的社群

社群运营有三个维度：第一个维度是客户的运营，第二个维度是活动的运营，第三个维度是内容的运营。

1. 客户的运营

想要做好客户的运营，只要满足以下三个要点即可。

第一个要点：你需要让社群里的人知道社群的定位是什么，以及客户的身份标签是什么。例如，这个社群是一个聚焦护肤、变美的社群，社群里的每一个人都是爱美的。只有有一个清晰的社群定位，才能让刚进入社群的人很快了解社群能带给他的价值。这样当你在社群中分享护肤干货、开展产品促销活动时，社群成员便不会觉得突兀。

第二个要点：挖掘"社牛"成员。你担心社群逐渐沉寂，是因为大部分时候只有你一个人发言。对此，你可以去挖掘"社牛"成员帮你运营社群。

任何一个社群中都会有"社牛"。你要做的是挖掘"社牛"成员，即和那些特别愿意分享、发言频次多的成员建立良好的关系。你可以多和他进行私下交流、对他表达感谢、多给他送礼物，那么在群里有活动时，你就可以对他说："亲爱的，你多帮我说说话，帮我活跃一下气氛。"

只要你之前已经和他建立了良好的关系，那么面对你的请求，他一般会答应在社群中帮你说话。

第三个要点：培养客户的习惯。例如，晚上你敷上面膜后，就可以拍照片发送到社群里，养成定时打卡的习惯——首先你自己要养成这样的习惯，然后带动客户也养成这样的习惯。对于参与打卡的客户，你可以适当地给予奖励。

社群逐渐沉寂的根本原因不在于客户，而在于群主没有在固定的时间做固定的事情。

2. 活动的运营

第一类活动是日常活动，即在固定的时间占领对方的心智、占有对方的时间。

例如，每天早上我都会在群里发一条早安语，都是传递正能量、很励志的语句。或许我的早安语会让社群中的一些成员觉得能量满满，从而提升其对社群的忠诚度。

第二类活动是连接活动。例如，在客户刚进入我的社群时，我会让客户先进行自我介绍，这样可以使他更快地融入社群。

第三类活动是促活活动，即促进社群活跃的活动。发红包是一个简单的促活活动，但是发红包的效果不明显。因为可能有些人领了红包却不发言。看图猜词、听音乐猜歌名、知识竞赛、话题讨论、娱乐八卦等，都可以作为促活活动的内容。

3. 内容的运营

内容从何而来？

内容的来源很多。比如，我的商学院课程中有很多干货，其中一定有几段话能够被你用到，你可以直接将其分享到你的社群里；

我在朋友圈或社群中分享的一些内容，如果你觉得很有收获，也可以将其分享到你的社群里。

有的人担心无法做好内容的运营，其实完全没有必要。

你的社群只要满足两点，你就可以做好内容的运营：一是情感上的连接，二是专业上的连接。

情感上的连接的关键点是温度，即你要让社群有温度。很多人为什么无法运营好社群？因为这些人想要卖货的目的表现得太明显了。如果只在社群中发布与产品、促销活动有关的内容，社群就失去了温度。

例如，一天晚上我吃炸排骨时把炸排骨的照片发到社群里，顺便还把购买链接发在群里并说"太好吃了！姐妹们给我冲"。

虽然他们和我是买方与卖方的关系，但我和他们像朋友一样相处，有任何好东西我都会分享给他们。至于他们会不会买，和我没关系。

同理，我给你分享我创立的品牌也是这样的。因为你是我的朋友，你是我在乎的人、我珍惜的人，所以我想把这么好的品牌分享给你。

在专业上的连接方面，你一定要让客户觉得你在护肤这个领域绝对是专业的。

我们要创建的是陪伴式的、让客户持续复购的社群。这种社群才是有意义的社群。创建这样的社群的关键是通过深度陪伴和持续输出为客户赋能，培养出一批"铁粉"。这样，当你在群里推广产品时，他们才会复购，从而实现变现的目的。

社群是一个非常好的能够产生裂变的地方，只有不断地有人进、有人出，才能有新鲜的血液，才能保持社群的高质量发展。

即使前期社群中只有十几个人也没关系，你可以用适当的话语吸引客户主动加入社群，如"只有尊贵的 VIP 才能进群，我只开放给相信我的客户"。

你要知道，社群一定要有淘汰机制。就我自己的社群来讲，对于被拉进"铁粉"群的 100 多个人，我定的标准是每个人都购买了 2000 元以上的产品套餐，如果在进群半年内他们没有复购，我就把他们淘汰出去。

很多人会问，万一自己坚持不下来怎么办？

其实运营社群每周的做法都是相似的，你要做的是将做法拆分得更细。例如，你决定这个社群只运营 3 个月，大约一共 12 周，那么你要明确：拆分到每一天，你应在社群里说什么、开展什么活动。

有人会问：运营长期陪伴型的社群会不会很累？真的觉得累了怎么办？

如果感到累，那就将这个社群解散，再创建一个新的社群。这样既能使你保持新鲜感，又能使你接触到更多的新客户。

老客户不会厌烦你将他拉进很多社群的行为，因为他在你的社群里能够得到切实的好处，如红包、福利等。

4.4　如何运营免费的社群

我没有在朋友圈发产品，但是为什么不影响我卖货？因为我把免费的客户群运营得特别好。例如,之前我在元宵节开展过一场产品促销活动,我没有发朋友圈,但是每天都有成交,原因是社群里的客户参加活动的积极性特别高。我建议大家先把免费的社群运营好,在和客户有了一定的信任基础时再创建付费社群。

别管什么类型的社群,无论是付费的还是免费的,有一点非常重要——共同的价值观。如果没有共同的价值观怎么办?你就需要建立一个。

例如,在我的社群里,我不断强调,做人要真实、真诚,不要多花钱,要把钱花在刀刃上。这样时间长了,我就能够筛选出同频的社群成员。我会不断强调社群的价值观,与社群价值观不合的成员自然就会走,而符合的成员就会留下来。

我曾创办过一个早起营,费用为 99 元。我没有进行大量宣传,但是当时两三天就有将近 300 个人报名。我带领他们早起,养成健康的生活习惯。后来,那批人对我很忠诚,很多人都转化成我的客户或学员。

平时我不经常在免费社群中出现,但是每次开展活动的前一周,我在群里会很活跃。免费社群平时是死寂的没关系,但是开展活动前你要提前预热。你要拥有一项能力——随时使社群活跃起来的能力。发红包、送礼物等都是不错的使社群活跃起来的方法。

虽然我在免费社群里不经常发言,但是每次我发 30 个红包,几秒钟就被抢没了。这和日常我经营朋友圈有很大的关系,在他们的印象里我是很忙的,即使我出现,也很快就走了。这就是我的人设。

你要像对待好朋友、闺蜜那样对待所有的客户。你和客户之间是平等的，如果你需要哄着、求着客户成交，那么你很难实现长远发展。

创建的社群一定要有属于你自己的特色和基调，不要一味地模仿别人，你的社群要能帮助你打造个人IP。创建、运营社群，其实是在延伸个人IP，通过社群的形式打造并运营个人品牌。

平时在社群里可以开展哪些活动？例如，将每周五定为社群的福利日，给社群成员发放一些优惠券，或者邀请大咖给社群成员分享一些知识。在你的社群中，不只你可以发言、分享，其他人也可以。因为你一个人的力量是有限的，所以你要动员社群成员共同参与，汇聚他们的力量，使社群活跃起来。

传统的社群是以群主为主导的。如今，大部分社群是群主搭建一个平台，在这里，社群成员可以畅所欲言，展现自己的优秀之处。

社群要能给社群成员带来以下几种感觉。

第一种是仪式感。对于新加入社群的成员，有人欢迎他，有红包给他，就会给他带来仪式感。

第二种是归属感。新成员加入社群，感觉大家都特别热情，有一种家的感觉。

第三种是荣誉感。例如，我经常在社群中开展打卡活动，坚持打卡达到一定天数的成员会获得××荣誉或礼物。

第四种是氛围感。这一点也很重要，尤其对于女性来说，因为很多女性都很注重氛围感。

其实社群运营没有那么复杂，你只要做到以下几点即可。

第一点是要确保有新成员持续加入。

第二点是要确保社群成员的质量较高。

第三点是要与社群成员建立情感连接。

第 5 章
朋友圈运营：
让你的创业产生溢价

  本章将为你揭示如何打造价值上百万元的朋友圈，探寻朋友圈的底层逻辑。此外，本章将介绍朋友圈的一些小细节，带你了解在不同的阶段应如何发布相应的朋友圈，为你的营销工作助力。

5.1 如何打造价值上百万元的朋友圈

想要把文案写好,你一定要打破内心的束缚。只有知道如何释放能量,知道如何使用素材,你才能写好文案。

1. 朋友圈意味着什么

大家一定要清楚你的朋友圈意味着什么。近两年,"公域"和"私域"这两个概念很火。

你要明白私域的定义是什么。腾讯官方对私域的定义是这样的:长远和忠诚的用户关系,商家与用户在一对多的沟通关系中,通过各种触达方式不断模拟一对一的亲密关系。你要努力去经营长远而忠诚的客户关系,经营客户关系的关键不在于客户,而在于你本身。你如何经营你自己就决定了你如何经营你和客户之间的关系。

虽然私域流量和公域流量相比,在数量上相差甚远,但是微信中的一个好友就相当于公域中的 1 万个粉丝。你朋友圈的价值,其实就是你的每个微信好友的价值乘以微信好友的数量。我的朋友圈价值上百万元。

你也可以估算一下自己的朋友圈的价值。假设你的微信中有 2000 个好友,每个好友的价值是 100 元,那么你的朋友圈的价值就是 20 万元。我是以客单价为基础进行计算的，其实大部分人的客单价远超 100 元。

因此，把朋友圈经营好，即输出高质量的文案，非常重要。

2. 为什么要打造个人 IP

别人在听到你的名字时对你产生的第一印象就是你的个人 IP。如何让别人一听到你的名字就对你产生良好的第一印象呢？这其实是可以刻意打造的。

为什么我们要打造个人 IP？很多人只知道个人 IP 有价值，但是没有下定决心去打造个人 IP，主要是因为他们没有真正意识到个人 IP 的巨大价值。

当你打造好个人 IP 后，你的名气一定更大。名气大可以大幅降低信任成本，这也是很多品牌都找名人代言的原因。

当你打造好个人 IP 后，你的收入一定会翻倍，因为你销售产品变得很容易。时间越久，你的个人 IP 的价值表现得越明显，你销售产品就越容易。

当销售产品这件事变容易了，你的收入就会越来越多。可见，打造个人 IP 非常重要。

个人 IP 还可以更好地帮你连接更多优质的资源。当你打造好个人 IP 后，你会发现流量的天平会向你倾斜，客户会主动来找你。

很多人都在苦苦找寻人脉、资源，当你打造好有足够影响力的个人 IP 后，这些就会主动来到你的身边。如果没有很多人主动加你的微信，就说明你的个人 IP 的影响力还不够大；反之，如果你的个人 IP 影响力足够大，就一定会有很多人主动加你为微信好友。

3. 明确个人 IP 的定位

如何打造个人 IP？你可以围绕"四有"进行，即有趣、有情、有用、有品。深度挖掘"四有"的内涵，你就可以明确个人 IP 的定位。

（1）有趣。为什么个人 IP 要有趣？因为没有人喜欢无聊的人，也没有人喜欢乏味的东西。你的朋友圈必须有趣，因为你的朋友圈在一定程度上代表了你的性格。

大部分人都喜欢传递快乐的人，会特别关注有趣的人。尤其是在朋友圈中，大部分人都在刻意地装"高大上"。如果你又有趣又"接地气"，那么你的朋友圈就会凸显出来。

有趣可以从哪些方面展现？

例如，你和孩子之间发生的有趣的小事就可以作为一个点。在和孩子互动的过程中，小孩子经常做的有趣的事情或说的有趣的话，这些都可以作为朋友圈的内容。

再如，你也可以将你和家里的宠物之间发生的有趣的事情发到朋友圈。

如果没有发生有趣的事情怎么办？你可以发搞笑的视频、图片等内容。很多时候，在朋友圈发搞笑的视频和图片，可以使朋友圈更活跃。

（2）有情。有情是非常重要的，有情代表了你有情有义、有血有肉。有情的人往往比无情的人更受欢迎。你可以通过朋友圈感受到他人的情绪、感觉、能量,这都是从有情层面体现出来的。

你和你的代理之间是有情的,你和你的学员之间是有情的,你和你的客户之间是有情的。你自己成长了、突破了、进步了,是有情的。当你遇到了令你特别开心、兴奋的事情,你也可以分享,这也是有情,且很容易打动人。

你可以将你和任何人之间的故事、情感,不使用任何技巧地分享出来。所有有情的文案,你都应该不加任何技巧地写出来,因为使用技巧的文案会显得生硬、没有那么多感情。你只要正常地、真实地将故事叙述出来即可。

(3)有用。有用就是你的朋友圈能够给别人带来价值,有用的背后是信任感。

什么样的朋友圈可以把"有用"体现出来呢?

首先,与产品相关的干货分享是有用的,如为什么你容易长闭口、粉刺,为什么你的闭口、粉刺消不下去,对别人是有用的。但是切忌照搬枯燥的专业知识,而要说别人听得懂的话,这样别人才愿意仔细看。

其次,你对各行各业的见解是有用的。你要大胆地说出对行业的见解,不要担心说错,也不要担心得罪人,你的朋友圈由你做主,只要你的价值观是正确的。你只需发表自己的观点即可,不要去评价谁对谁错、谁好谁坏。见解可以帮助你吸引别人的关注,你尤其要发表对与你息息相关的行业的见解。

最后,你对一些日常小事的看法是有用的。例如,你出去吃饭,坐在你对桌吃饭的大伯穿着环卫工人的衣服,于是你发了一条朋友圈,感慨环卫工人的辛苦。对于你身边的任何一件小事,只要你有自己的看法、感受，就可以将其发到朋友圈。在日常生活中，我们身边会发生很多事情，你只要稍微留意一下，就会找到很多可以发朋友圈的素材。

（4）有品。有品很重要。只要你能做到朋友圈有趣、有情、有用，你的吸金能力就已经超过大部分人了。如果你的朋友圈还能做到有品，就更好了。

有品代表什么？代表的是你的调性、品位，它能够把你的个人IP、人设提升一个高度，它会在无形中加深别人对你的印象。

例如，你看完一本书后，在朋友圈发表了读后感，这就能够展现你的调性；你进入了什么圈子，交往了什么样的朋友，遇见了什么样的人，都代表了你的品位。

具有同样调性、品位的人会互相吸引。我很重视自己所处圈子的调性，因为调性在一定程度上决定了别人对我的看法。你日常和什么样的人交往，进入什么样的圈子，其实都在一定程度上体现了你的品位。如果你的微信好友中有口碑不是很好的人，你要尽快远离。

实际上，在私域的圈子里，在知识付费的圈子里，真正有调性的人不多，也就是说，真正有品的人不多。很多人不会告诉你要注重有品，他们只会告诉你要注重一些别的方面，如有趣、有用。但是有品真的很重要。

4. 如何发朋友圈

朋友圈中"四有"的比例如何分配？

一周中，你要有3～4天在朋友圈中发布有趣和有品的内容。

而有情和有用的内容，每天都要出现在你的朋友圈中。

例如，你一天发 10 条朋友圈，那么"四有"内容和普通内容的比例就是 7∶3。在你的 10 条朋友圈中，广告、推广、产品介绍等内容只能占 3 条，其余的 7 条要分配给有趣、有情、有用、有品的内容。

以此类推，如果你一天发 20 条朋友圈，那么大概 6 条可以用于发布产品等内容，其余的 14 条就要分配给有趣、有情、有品、有用的内容。

除"四有"外，朋友圈的视觉效果也很重要。

朋友圈的视觉效果就像你的穿着打扮。你的朋友圈的视觉效果决定了别人对你的第一印象。

首先，视觉效果体现在图片数量和排序上。在发朋友圈时，最理想的视觉效果是发 1 张图，之后依次是发 9 张图、发 6 张图、发 4 张图、发两张图。大家在发图时可以遵循这样的规律。

其次，图片一定要简洁、统一，聊天背景应清爽、干净，颜色不要太深，否则会给人一种压抑的感觉。

很多时候，你的朋友圈看起来不整洁是因为你的聊天背景不干净。比如你截取的和别人的对话的聊天背景很杂乱，这是会影响朋友圈整体的画面感的。我提醒大家一点，要尽量让朋友圈整体的颜色是接近的。

把朋友圈运营好，有利于打造你的个人 IP。想要运营好朋友圈，做到"四有"并注重视觉效果就足够了。

你不必追求高级，只要朋友圈是干净、整洁的即可。你在日常拍照片时也要保持这样的思路，只要拍照时做到背景干净，照片就已经有 90 分了。这就是大道至简的意思。

持续做到以上的每一步，你的朋友圈就会拥有上百万元的变现力。

5.2　朋友圈的底层逻辑

我发朋友圈的目的有三个：一是招代理，二是传递我的价值观，三是增强个人影响力。有些人发朋友圈的目的只有一个，就是招代理、卖货。但是你不能仅限于这样的目的，应该使朋友圈的价值最大化，将其作为传递自己的价值观和提升个人影响力的阵地。

在文案撰写方面，你需要具备哪些重要能力？其中需要具备的一个特别重要的能力是认知力。认知力可以很好地传递文案中的能量，让客户在买单的过程中了解你的价值观。

例如，很多学员在学习我的课、浏览我的朋友圈的过程中，会被我的很多观念所影响。甚至在我每周一召开的晨会上，一些代理会因为我在晨会上的讲话而产生变化。我认为，认知力决定收入。如果你可以把你的认知传递给别人，并让别人记在心里，你的收入就不会低。

很多人都觉得自己的产品好。对此，你应该仔细思考：什么样的产品才算好产品？我们要有这样的认知：真正的好产品肯定是畅销的产品，卖不出去的产品不能称为好产品。同理，有人说自己的课很好，实际上，如果你的课卖得出去就可以称为好课；反之，如果卖不出去就不能称为好课。

评价一款产品好不好，一个很重要的指标是复购率。客户第一次购买产品可能是因为被你的个人魅力吸引，复购则很大概率是因为你的产品足够优质。

虽然产品很重要，但是如果没有第一次购买，就不会有后续的复购。因此，你应该先打造你的个人IP，促使客户进行第一次购买。无论销售哪个品牌的产品，我都有这样的认知：是产品附属于我，而不是我附属于产品。

很多人害怕转型，因为他被产品绑定了。如果真正打造了个人品牌，营造了自己的稀缺性，你根本不必担心换产品。当然，转型时肯定会流失一些客户，但是这对你个人长远发展的影响是微乎其微的，因为你的个人品牌足够有吸引力。

那么，怎么证明你的产品是好的？这就需要你给客户一个非买不可的理由。很多人苦于找不到理由。其实非常简单，倒推当初你购买这款产品的理由就可以了，想想你当初为什么要买这款产品。大部分人都是普通人，你的想法实际上可以代表大多数人的想法，你的购买理由也可以成为大多数人的购买理由。因此，你不需要思考别人需要什么，你只需要思考自己当初为什么购买这款产品，这样你就能找到让客户非买不可的理由了。

在找到非买不可的理由后，你要做的就是在朋友圈里不断地把这个理由传播出去，以带来成交。除此之外，你还要做一件事情，就是塑造自身的稀缺性。即使销售同样的产品，你也要相信你能给客户提供的价值和别人能给客户提供的价值是不一样的，而区别所在就是你自身的稀缺性。

例如，我把我所有文案课的PPT都送给你，售价是1200元，即使你用这些PPT去给别人讲课，也很可能无法达到我讲课的效果；再如，我把我所有讲课的PPT和讲述内容一字不落地分享给别人，并允许其销售，其售价为600元，我的售价为1200元，你会选择购买他的课还是我的？我相信大部分人在深入比较之后还是会选择购买我的课。

产品没有任何差别，你为什么依旧选择我的呢？因为我的稀缺性。因此，你一定要明白，稀缺性要体现在你自身上。每个人都是独一无二的个体，你的表情、动作、口头禅等别人可以模仿、抄袭，唯独你这个人无法被复制，因为每个人都有自己独特的个性和气质，会给人以完全不同的感觉。你永远不能让你的产品凌驾于你自身之上。

很多人都会出现上述问题。例如，我的一个私教学员的朋友圈总是发布团队业绩、客户反馈、产品优点等内容，而没有关于自己的内容。这样就导致产品凌驾于他之上。因此，虽然他的每一条文案都是为了促使客户买单，但是他的产品销量很差。其根本原因就在于他的个人特色没有在朋友圈体现出来，即没有在朋友圈塑造个性鲜明的个人形象。

我建议你持续地发布与个人有关的内容，因为这会日积月累地叠加力量。你不能今天发了一条，讲了自己的故事，明天就不再发与个人相关的内容了。你每天都要向别人展示你自己。你可以传播的内容有很多。例如，你是一个怎样的人，你都做了什么事情，你的成长经历是怎样的，你有什么成就，你的闪光点是什么……这些内容要在你朋友圈的文案里多次体现，最终提升你的个人影响力。

有的人从没和我私聊过，但会突然下单，这是因为他每天都能刷到我的朋友圈，久而久之被我的个人魅力所影响，从而找我购买产品。我朋友圈的每一条内容都在为我积聚能量。如果我今天发了与自己相关的内容，但接下来的一个月发布的都是与产品有关的内容，他会那么轻易就找我购买产品吗？这种概率是很小的。

即便是一些日常生活，我也会发到朋友圈中，如我送我的女儿去幼儿园。我为什么要发这个内容呢？因为在一般人看来，他会觉得我已经很有钱，竟然还亲自送女儿上学。曾经有人这样给我评论："妈呀，雨思你这么忙还要亲自送女儿上学。哇，你真是好妈妈，好榜样！"于是我就经常发一些日常生活，这样能让客户看到我生活的一面，拉近我和客户的心理距离。

其实大部分人的生活都是相似的，都有共同点，你也可以这样发朋友圈。日常生活中的小事更容易引起共鸣。

你不要觉得一件小事不值得分享出来。再小的一件事情，甚至是一件没有那么重要、有些负面影响的事情，只要你赋予正向的文字，这件事情就可以因为你的文案而具有更深层的内涵。

你的朋友圈文案还要传递价值观。真正打动客户的不是别的因素，而是你的价值观。你一定要高频地在朋友圈传递你的价值观。那么，如何更好地、不突兀地传递价值观呢？常用的方法就是通过你经历的小事引出你的价值观。例如，我的一次晨会的内容来源于我的一位私教学员请教我的一个问题。我通过他的这个问题引出了我对交朋友的一些看法,这样既帮助他解决了问题,也在无形中传递了我的价值观,可谓一举两得。

你一定要学会通过自身经历的小事展现你的价值观。很多人觉得价值观这个词听起来很"高大上",通俗来讲,它就是你的想法,即你是如何看待某件事情的。因此,你只要说出你内心的真实想法就是在展现你的价值观了。这样你可以吸引和你有同样想法的人。那些和你想法不同的人,在了解了你的想法后会自然地远离你。这样,无论是交朋友,还是招学员、招代理,你都可以直接省去筛选的步骤。

当你看书、看电影、看电视剧后,你可以针对书中的内容、电影和电视剧的情节发表自己的看法,展现你的价值观。

实际上,你每天做的事情、接触的人都可以引发你的想法。你要做的就是大胆地将其发表出来,不断提高你的人格魅力和精神境界。

我们应该多思考,因为越思考,越能产生新的想法;越思考,越能明确自己的优势所在;越思考,越能明白自己想要什么。为什么客户喜欢我,对我忠诚度高?因为我身上有他们喜欢的特质,通过我,他们可以获得一些新奇的想法、观念。

你要明白:你的价值观才是你的差异化所在,才是你最大的稀缺性和你最大的影响力。

世界上有两件事情比较难实现:一件事情是把你的钱装进我的口袋里,另一件事情是把我的思想灌输到你的头脑中。但是,如果我能把我的思想灌输到你的头脑中,那么我就可以比较容易地把你的钱装进我的口袋里。

你需要不断地表达你的想法，你要做一个有思想的人，而不要做一个人云亦云、没有主见的人。你要勇敢地做自己，充分展现自己，努力释放自己的魅力——你的魅力就在于你的思想。与其想尽一切办法让客户认同你的品牌的价值和产品的价值，不如想尽一切办法让客户认同你的价值观。这就是打造高价值朋友圈的底层逻辑。

5.3 关注朋友圈的小细节

如何把朋友圈的小细节做好，使浏览朋友圈的人对你的朋友圈产生浓厚的兴趣，提升成交率？以下是你应该关注的朋友圈的几个小细节。

1. 一段文案不能超过三行

文案中的一段文字不能超过三行。如果一段文字超过三行，就需要另起一段。如果能做到这一点，那么你的朋友圈文案的排版会更美观。我平常在浏览朋友圈时，即便那个人很优秀，但只要他的文案是密集的，我就不会看完，而会直接划走。因为没有层次和逻辑的文案使我眼花缭乱，让我没有看完的兴趣。

2. 尽量不要用句号

我在朋友圈发文案从来不用句号，因为句号代表一句话说完了，这样会给人比较官方、呆板、僵硬的印象。我比较喜欢用省略号，因为省略号更具表现力，也更含蓄。从其本来含义来看，省略号代表省略了后续的话，不直白地呈现出来了，这会给人留有想象的空间。

但是省略号不要太多，一段文案中有两三个省略号就足够了。你可以尝试适当地使用省略号，尤其在你想给别人留下想象空间，或者想引导别人产生继续浏览的欲望时。

我一般在文案的第一段和第二段使用省略号，在想要表达无奈的感觉时也会使用省略号。千万不要轻视标点符号的作用，标点符号很重要，在某种程度上体现了博大精深的中华文化。

3. 借力不到位就是白借

在借力前，你要明白借力的核心，即你不是真的要借力，而是想通过借力夸自己。例如，你借力的对象是我，但是你只表明我是一个怎样的人，而对我是谁、我有什么成就，你并没有进行深入阐述。如果你不去突出借力的对象的价值，你就无法突出你的价值。

如果你想借某个人的力，你一定要说清楚那个人有多么厉害，否则，借力就等于白借。这是借力时容易出现的一个问题。

此外，在朋友圈中不要轻易地夸赞别人。因为如果在你眼中别人都很"牛"，反而会显得你不"牛"。如果你在朋友圈中隔三岔五地夸赞不同的人，就会给别人一种感觉：你认为谁都很厉害，但你不厉害。

夸赞别人要谨慎。只有当你真的觉得某个人很优秀，发自内心地觉得他很棒、对你的帮助很大时，你才去夸赞他。而且，你一定要先讲清楚这个人到底有多么优秀，给你提供了什么帮助，然后表明自己有了什么进步，自己也很优秀。这样去借力才算到位，而且会让你更突出。

我们要懂得什么是真正的借力。我认为，借力就是通过别人的影响力让自己变得更强大。有一个简单的例子，我在直播时会先让所有的私教学员创建一个社群，然后他们和我连麦，使进他们社群的人也可以看到我的直播。这样，他们就能够借我的力将社群扩大，他们的直播也会有更多的热度和流量。

真正的借力不是只在你的朋友圈夸赞别人，也不是表明你正在跟着优秀的老师学习。

我所理解的真正的借力，是你通过借别人的力变得越来越强大。如果你只在朋友圈夸赞别人，那么你只是一个宣传者，只是在帮别人扩大影响力，这不能称为借力。如何借力呢？一定要把你和借力的对象捆绑起来。也就是说，在向某个人借力时，你一定要把你和他联系在一起。你可以表明你们之间是什么关系，也可以表明他给你提供了什么帮助等，总之，一定要将你们联系起来。借力到位，你的影响力会提升，成交也会轻松许多。

很多时候，你自己没有素材，因此不得不借用别人的素材。在借用别人的素材时，你要将其和自己联系起来，这一点很重要。

借力的精髓是什么？就是要么不借，要么一定要借到位，同时把借来的力推到自己身上。

如果你经常在朋友圈夸赞别人有多么优秀，而不将被夸赞的人和自己联系起来，那只是在为人作嫁。你可以通过夸赞别人为自己助力，这样才可以实现双赢。

4. 撰写标题的常见问题

（1）直接说答案。例如，标题"很多皮肤问题的根源都是过敏"。你已经把答案说出来了，别人为什么还要仔细看正文内容呢？也就是说，既然标题已经表明皮肤问题的根源是过敏，那么别人通过这个标题就已经知道正文的核心论点了，正文的长篇大论就不需要看了。因此，我们不能在标题中直接说出答案。

（2）标题和目标受众没关系。这是很多人容易犯的错误。很多人在标题中夸一个人，觉得那个人的学历很高、经历很传奇，如"名校高才生的逆风翻盘之路"。但是这个人和你的目标受众有什么关系？他的高学历、传奇经历只是个例，不是普遍现象，因此受众范围很小。如果标题是"勇敢追梦，不畏他人眼光"，就具有普适性，很多人会将自己代入，从而点进去浏览正文内容。

好的标题能够引起别人的好奇心。什么是好的标题呢？比如能够形成强烈反差的、出其不意的标题。你可以在标题中巧妙地设置悬念，吸引别人去一探究竟。

5. 撰写好文案的方法

那么，如何撰写出好的文案呢？主要方法如下。

（1）拒绝长篇大论。我曾在我的公众号发表的一篇文章中表明，朋友圈的文案不需要很长，一定要精练，文案短一点反而显得很霸气。尤其当你希望别人重点关注你的图片或视频时，文案一定要短。如果文案很长，别人就没有办法集中精力关注你希望别人关注的内容。

（2）直截了当地告诉别人你想表达什么。写文案时，你应直截了当地表明你的看法，如可以直接说"想要皮肤好，找雨思；想要瘦身，找雨思"。

（3）习惯用假设表达。例如，我的一条朋友圈的文案中有这样一句话"如果你想在三个月内让皮肤有很大的改善"。在这条文案中，我就用到了假设，那么，看到这条文案的人就会在心里假设三个月后他会有好皮肤的样子。假设的方法非常实用，当你不知道怎么写文案时，就可以在开头用假设，给别人留下美好的想象。

要少提痛点。相较于展现痛点，我更喜欢给人一种美好的感觉，而提出假设就能给人一种美好的感觉。例如，我想招代理，我可以发布这样一段话："假如你想改变自己，想让未来掌握在自己手上，想过上更好的生活，想让家庭更幸福，想真正挖掘自己的天赋，你就可以加入我的团队！"

就像我们日常说话一样，只要你说得非常肯定，就能触动别人，激发他们试一试的想法。你说得越肯定，别人的自信心就越足。在撰写文案方面也是一样的，你所提出的假设表达得越肯定，对方能获得的自信心和能量就越多。

（4）要善于用设问。例如，我先提出一个问题"真的有人可以五年用同一款护肤品吗"，然后立马说"当然有"。哪里用设问比较合适呢？设问可用在能够让人感觉出乎意料的事情上。正如案例中所说的五年用同一款护肤品这件事就是一件出乎意料的事。为什么？因为很少有人能做到。

再以天赋教育为例，很多人觉得自己已经三四十岁了，怎么可能还像儿童一样挖掘自己的天赋呢？针对这个问题，我们就可以给出肯定的回答。

如果文案可以给人带来出乎意料的感觉，那么让人下单就很容易。尤其是当别人觉得某件事情在他身上不太可能成功，但是有真实案例证明在你的帮助下，这件事情是可能成功的，他就会很快下单。

（5）适当使用表递进的词语。而且、更、甚至等词语可以表示递进。我在文案中很喜欢使用这些词语，它们会给人一种不一样的感觉。例如，我曾发布这样的文案：我不仅是为了卖货，更是为了成为更好的自己。这句话就表达了我的理想：成为更好的自己。再以我曾发布的一条推广面膜的文案为例，"它不仅能够有效地淡化色斑、痘印，还可以使你的皮肤在冬天更好地保湿、锁水"。这句话就使用了表递进的词语，从而让人感觉这款面膜是冬天的必备佳品。又如，我曾在朋友圈发了一句话：我的文案课不仅教你技巧，还教你怎么通过朋友圈打造你的个人IP。

你要记住：朋友圈文案中可以用上表递进的词语，这样会使文案的情感更丰富，更有层次。

（6）习惯性地积累素材。你可以将别人夸赞你或夸赞产品的话语全部保存下来，打造一个属于自己的素材库。我能发朋友圈的素材非常多，有时甚至前一个月的素材到下一个月还没发完。

这里有一个积累素材的小技巧：点击微信上面的"搜索"，在"搜索指定内容"板块中有"朋友圈"选项，点击"朋友圈"，在搜索框内输入你的名字，那么和你相关的朋友圈内容就会显示出来。你可以将别人夸赞你的文字截图保存，作为你发朋友圈的素材。

你要真实地展现你的性格，让别人清楚地知道你是一个什么样的人，这样你才能获得别人的夸赞。你一定要清楚这个逻辑：你不展现自己，就没有人去夸赞你；你大胆地展现自己，你的人格魅力就会散发出去，你就有可能获得很多夸赞。

5.4 根据你所处的阶段发朋友圈

根据这些年我发朋友圈变现的经验，我发现在早上和晚上多发朋友圈效果比较好，下午可以少发朋友圈。

如果你是一个新代理，那么前期每天应至少发 8～10 条。做微商很久的人，每天应发 15～30 条。

新代理发朋友圈推广产品的内容和宣传个人的内容的比例是 1∶1。因为前期你还没有形成个人品牌，或者个人品牌的影响力比较小，而且你没有获得很大的成就，也没有"牛人""大咖"为你背书，所以你需要将重心放在推广产品上，用好产品说话。

例如，回顾我在 2014 年发的朋友圈，那时虽然我也知道打造个人品牌、分享我自己的生活、表明我的目标和野心，但是当时我发的 20 条中有 12～15 条是推广产品的内容，其余的 5～8 条才是与我自己有关的内容。

如果目前你在微信上变现未达到 100 万元，那么在一定程度上证明你在这个行业没有付出 100% 的努力。

如果你真的很认可你的项目，真的很喜欢这个行业，觉得自己已经很努力了但结果并不是很好，那么你该怎么办？答案是换个方法，再努力一些。因为你的赛道是正确的，你成功的概率已经比别人至少要高 50%。

销售工作是比较公平的，不需要很高的学历、很好的背景，只要你足够用心就可以改变你的人生，让你"咸鱼翻身"。

你可以细分一下朋友圈的内容。

第一类内容：你的生活。

你是谁，你今天干了什么（如购物、聚餐等），你和你的伴侣、父母、孩子之间发生了什么事情……这些都属于你的生活。这些内容在你每天的朋友圈中要占 10%。

第二类内容：你的工作。

你的主业是什么，你的副业是什么，你日常的工作状态是什么样的……这些都属于你的工作范畴。

曾经我的一位学员问我一个问题，她说："雨思，我可以像你一样不在朋友圈晒钱吗？"我说："你当然不能不晒钱。"

如果你的年收入可以稳定在 100 万元以上，那么你可以不晒你的收入，也可以不晒你成交的订单。但是如果你的收入不稳定，运气好时年收入可以超过 100 万元，运气不好时年收入可能只有 50 万元，你就一定要晒你的收入和成交的订单。

因为晒收入、晒成交的订单，可以对别人产生直接的刺激。

别人找你合作开展一个项目，或者你自己做一个项目，究其原因是想赚钱。

为什么你会觉得某个人可以带你赚钱？因为你看到这个人在赚钱。

因此，该晒收入和成交的订单的就必须晒。2016—2018年，我基本上每天都晒成交的订单，少则几万元，多则几百万元。

我希望大家能够打破固有认知，不要不好意思晒自己的收入和成交的订单。有的人会对我说："雨思，你都不晒，我觉得你这样挺好。"因为我已经赚到钱了，即使我不晒收入和成交的订单，大家也相信我赚到钱了。如果你还没有足够优秀的结果去证明自己，你就要通过"晒"给别人带来直接的感官刺激。

如果你还是无法突破自己，那么你在晒收入时可以讲述你的梦想、你的目标、你的故事。

第三类内容：情意。

在朋友圈中发与亲情有关的内容可以体现你的家庭责任感、家庭氛围、幸福感等，注意这些内容一定要真实。

在友情方面，你可以在朋友圈中体现出你是一个值得朋友信任的人。例如，你可以晒你带的团队中的成员爆单了、赚钱了，以及你的团队成员表明想跟着你一直做下去。粉丝对你的喜欢和支持，客户的好评、转介绍、复购等，实际上也都属于这一范畴，这些内容都可以在你的朋友圈进行展现。

发朋友圈的一些具体要求如下。

第一，多维度展现自己，尝试与他人建立信任。

你应多露脸，多发自己的照片。这些照片可以是不同风格的，以呈现你的不同面，让客户更加直观地了解你。

例如，我最近在朋友圈中发了一些在线下参加活动的照片，很多人给我评论"哇，太飒了""太帅了，太好看了""太有气质了，太有气场了"，还有人直接问我如何购买我的课程。这都是因为我发了照片，如果我只发文案，没有配照片，就不会给别人带来这么强的冲击感。所以，你平时一定要多发自己的照片，并且注意一定是好看的照片。

虽然一些不那么好看的照片更真实，但是也不会有很强的冲击力，不能加深别人的印象。真实、接地气的前提是好看，毕竟美好的事物更赏心悦目。

第二，输出除产品外的价值。

我有一位代理特别擅长做创意早餐，每天她都会在朋友圈中发创意早餐的照片，而且她会教别人怎么做；还有一位代理擅长声情并茂地读儿童绘本，她经常在朋友圈中分享育儿的内容。如果你会化妆，你就可以在朋友圈中分享一些好用的化妆品或化妆小技巧。只要你在某个方面有专长，那就是你除产品外的价值。

第三，展示你自己和家人使用产品的场景。

你要尽量摒弃"硬广"，不要过多地、枯燥乏味地讲解产品的功效，而要在轻松、温馨的氛围中去体现，这样的效果比直接讲解产品成分、功效要好很多。

晒单时，你一定要讲你和客户之间的故事。很多人不喜欢看广告，但是大多数人都喜欢看故事。你可以写你和客户是怎么认识的，认识的过程中发生了什么事情……实际上，这样也是从另一个角度推广你的产品和你自己。

同时,你要尽可能让故事有反转,但是前提是你和客户之间的故事真的存在反转。例如,有一位客户是从公众号文章里了解到我的,她当时加我微信只是想确认我是不是真如文章中写的那样优秀。结果是,她喜欢我所有的课程。这就是反转。

第四,给足希望。

例如,我经常说"听了雨思的课,你的能量一定会越来越多"。在客户还没有下单时,我就给予客户希望。客户接收到我给予的希望,并且为了让这个希望变为现实而下单,就说明我给足了他希望,客户对我的感觉是正向的。

如果我在客户下单之前没有给足他希望,比如客户问我课怎么样,我说"哦,就这样吧",或者沉默着不回答,那么客户肯定不会买单。

因此,你要学会在客户下单之前给予他希望,这样可以有效提升成交率。

第五,学会推崇。

你应学会推崇你的品牌,学会推崇品牌的创始人,学会推崇你的团队。你要经常在朋友圈中介绍你的产品的品牌创始人、最近的活动,你所在团队的业绩、氛围,以及团队最近参加了什么培训、团队的价值观等。

有的人可能会产生这样的疑惑问:雨思,我的品牌最近什么活动也没开展,我带的团队最近什么也没做,那么怎么办?针对这类问题,这里有两个解决方法:要么自己主导开展一些活动,要么趁早"跑路"。

站在一个过来人的位置上,我想给你一个忠告:如果你目前跟随的品牌什么都给不了你,所有的资源都需要你自己寻找,那么这个品牌终究会倒下,团队终究会解散。

例如,我在2014年启动第二个品牌的销售业务时,有一个领导负责带我,但是她什么都给不了我。所有的逻辑、方法都要我自己摸索,当然我也愿意自己摸索,因为我本来就是一个喜欢摸索的人。但是,每当夜深人静时,我就会思考一个问题:如果什么都要我摸索,我为什么还要跟着她?事实上,她什么都给不了我,反而还会分走我的利益。我的内心产生了一种不平衡的感觉。在这样的情况下,项目是做不好的,长痛不如短痛,于是我就换了一个品牌。

这是一个抱团发展的时代,你一定要有一个优质的团队在后面支撑你、帮助你,让你有底气销售产品、招代理。

第六,适当下危机。

之所以强调"适当"两个字,是因为如果用不好"下危机"这个方法,就会变成制造焦虑。

例如,有人对你说:"哎呀,你看你这个项目才赚了多少钱,你都多少岁了,怎么才赚这么点钱?赶紧来跟我干,保证让你多赚点钱。"这就是在制造焦虑。

我也曾在朋友圈中下危机。例如,不要觉得平平淡淡就好,你也得稍微闯一闯,稍微拼一拼,人生不能白过吧?

我下危机的频率不会很高,但是有一定的周期性,如一个月下两到三次危机。适当地下危机可以助力成交。

有些销售人员发的文案过于绝对,好似你不从他那里购买护肤品你的脸就会烂掉。我们永远不要在朋友圈说任何绝对的话。比如,虽然我在朋友圈也会说"大家要努力",但是我不会让人有一种感觉:不努力你就是失败的。

　　下危机是非常微妙的,正是因为这样,所以需要特别谨慎,一定要掌握好度。

下篇　培养成功创业能力

第6章
创业心态：
做合格的情绪控制者

在这个时代，普通人也能成为赢家。在此之前，你需要了解"老板思维"，以及为什么你不自信等。希望我在本章分享的创业心态能够帮助你提升自己，实现成功创业的目标。

6.1 一开始没那么优秀的人也能成为赢家

不知道大家是否听过曲家瑞这个名字？曲家瑞是一个特别优秀的女性，她集大学教授、艺术家、策展人、手绘漫画家等多个角色于一身。她从 1995 年起以炭笔为创作媒材，从事巨幅自画像素描系列创作，作品被各大艺术馆和博物馆收藏。

曲家瑞曾在美国耶鲁大学艺术学院学习。这是美国一所很出名的私立大学，会聚了美国各个学科的顶尖人才。曲家瑞觉得自己除了擅长画画，别的方面和别人没法比。

第一个学期结束后，曲家瑞的成绩单上满是 B 和 C，甚至还有 D。不过她并不沮丧，因为她以为这就是该校的评判标准。然而，后来她无意中发现，同学的成绩单上不是 A 就是 A+。曲家瑞在看到同学的成绩单的瞬间，心情跌到了谷底，她不禁想："我也很优秀啊，怎么我的成绩跟他的差这么多？"于是，她去找老师了解原因。

曲家瑞对老师说："老师，你是不是算错成绩了？为什么同学们都是 A 或 A+，再差的也是 A-，而我大多是 B 和 C，甚至还有 D。每堂课我都出席，作业也准时交，而且老师们经常夸赞我，为什么我拿不到 A？"

曲家瑞的老师说："这个学校有 300 多个美术系的学生，但是在这些学生毕业五年或十年后，还继续留在这个领域的人不到 1%。"

曲家瑞疑惑地问："老师，这和我的成绩有什么关系？"

老师说："那些在毕业后还留在这个领域的人在读书的时候几乎都是拿到 B 的学生。那些总是拿 A 的学生学任何东西都很快，效果也很好，因此毕业后会去尝试其他行业。而那些没有拿到 A 的学生，因为自己的成绩没那么好，心里觉得不服气，所以会一直努力，一直进步。因此，当年拿 B 的学生最后大多数会留在原本的领域。"

这不禁让我想到自己，我高考的成绩只比本科线高了 6 分，因此只考进了一所普通的三本大学。于是，我妈妈经常对我说："你看你平时不好好读书，只能进这么一所学校。你在这个学校读书四年的花销，比别的本科院校学生的花销多一倍，甚至还要多！"

这句话对我刺激很大，因此我在大一时就开始创业赚钱，坚持到今天已经快 10 年了。我现在的收入比高中时很多比我成绩好的同学的收入都高。

其实，无论你的成绩是 A，是 B，还是 C，都不重要。每个人都有自己的路要走，成绩并不能决定一个人的未来，你也没有必要去跟别人比较。

这就像一个学员曾经跟我说的那样，他的朋友晒出的日常照片都是别墅之类的，导致他都不敢在朋友圈发自己的日常生活了。他也知道自己这样想不好，但是他忍不住和朋友比较，结果越比较就越焦虑。

其实，你真的没必要和周围的人比较，毕竟人生那么长，一时的领先和落后根本不算什么。你应该学着把目光放长远，要相信自己的能力，相信只要自己踏踏实实走好人生的每一步，就一定能拥有美好的未来。

创业这些年，我身边不乏赚钱比我多、能力比我强的人。如今，这些人中有一部分人依然比我做得好，还有一部分人早已被我远远地甩在了身后。无论这些人的生意做得怎么样，都不会对我产生丝毫影响。这是因为我一直一步一个脚印地朝着自己的目标努力，不会过分关注他们处于什么阶段、取得了怎样的成绩。我相信，即便我现在拿的是 B 或 C，也可以造就自己全 A 的人生！

这样的思维方式让我在后面几年的创业中把握住了每一个重大的转折点，并且在发生转折时能够不慌乱。这样的思维方式让我在每一次碰壁时都很坦然，因为我明白自己的极限，也坚信自己能够想办法走出困境。

因此，我想把这个思维方式分享出来：即便当下你觉得你的人生可能连 B 都没达到，或许还处于 D、E、F 的阶段，那也没关系。你不要和得 A 的人比，而要一步一个脚印地朝着自己的目标努力。你要坚信自己可以凭自己的能力得到 A。

你要坚信努力的力量，也要坚信即便自己一开始没那么优秀，也有可能通过努力成为最后的赢家。

6.2 你必须了解的"老板思维"

要想创业成功，无疑需要具备"老板思维"。普通人要想赚到钱，就不能被"打工者思维"所禁锢，而要具备"老板思维"。那么，究竟什么是"老板思维"呢？

"老板思维"是指在经营中有效规避风险、提高利润创造力，从而得到想要的结果的思维和能力。

下面我通过一个案例对这个概念进行说明。

我在朋友的带领下接触到微商。带领我的这位朋友是我的一位学姐，她的能力比我强，说话、办事比我爽利，一开始收入也比我高。但是，半年之后，我的收入就超过了她。她没有继续在这个领域做下去，而是选择了别的行业。难道真的仅仅是行业导致我们产生了巨大的差距吗？不，还有思维方式。

我问一个问题：什么人才能做老板？

只有一直把自己当成老板的人才能成为老板。

只有一直从老板的角度去思考问题的人才能成为老板。

做微商、带团队也是如此。你要记住，老板不只是一种身份，更是一种思维方式。

下面我给大家讲一个故事来说明这一点。

很久以前，人们都是用双手来洗衣服的，到了寒冷的冬天，手总会被冻伤。于是，富裕的家庭就会雇工人来洗衣服。

有一户人家祖祖辈辈都是靠帮人洗衣服谋生的。依靠祖辈传下来的保护手的经验，他们研究出一个能够有效预防手被冻伤的药方。一个商人得知后，便想出价1000两白银购买这个药方。这家人觉得这是一笔不错的买卖，便把药方卖给了商人。那个商人在得到药方后，便研制出一种预防手被冻伤的药物，并将其献给了国王。

凑巧的是，国王计划在冬季攻打另外一个国家。士兵使用了预防手被冻伤的药物后，战斗力大大提升，一举击败了敌人。国王十分高兴，赏赐给商人一块土地，并给予他高官厚禄。

这个故事所蕴含的道理很简单。同样一个药方，在不同的人手里，能够产生的作用大不相同：药方在以帮别人洗衣服为生的人手里，只是为了防止自己的手被冻伤，以免影响洗衣服，后来药方被卖给商人，这户人家也只赚了1000两银子；药方在商人的手里，商人根据药方研制出了预防手被冻伤的药物，获得了国王赏赐的土地和高官厚禄；药物到了国王手中，可以提高军队的战斗力，帮助军队赢得战争的胜利。

在创业过程中，作为一个老板，你能帮到的人越多、能力越大，你的价值就越大，能得到的回报就越多。如果一个人只能为自己和家人解决问题，那么他的价值就不会特别大；如果一个人能够帮助许多人解决各种问题，那么他的价值就是无法估量的。

一个没有大格局和长远眼光的人是不具备"老板思维"的。故事中的那个商人之所以能够被国王封赏，是因为他的格局和眼界超过了那户以洗衣服为生的人家，能够给国王提供切实的帮助。可见，一个人的思维取决于他的格局和眼界。

讲到这里，我想起了某教育机构的故事。

众所周知，该教育机构以前一直走的是名师路线。但是，在将引入的流量分配给名师后，一些名师没有将精力用在教学上，而是学术不端、涉嫌违规，于是老板就把他们辞退了。

有些员工不明白老板的这一做法，认为没有了名师资源会影响招生。这就是典型的"打工者思维"。

那么，拥有"老板思维"的人会怎么考量这件事情呢？

拥有"老板思维"的人会想，如果公司面临生死存亡，老板怎么可能还迁就那些所谓的名师呢？另外，有多少学生真的是因为那几个名师报名的呢？正确的做法是淘汰那些不服从管理的员工，努力培养留下的员工，假以时日，这些留下的员工就会成为新的骨干。

带团队也是这样的。

总之，从打工者的角度去思考问题，你会觉得老板总是错的。可是从老板的角度去思考问题，你就能理解老板这样做的原因了。

试着理解老板做事的逻辑，试着用"老板思维"去思考问题，你以后就有可能成为老板。一直用"打工者思维"思考老板的决策，你的格局便永远打不开，很难在自己的领域取得很大的成就，也很难成为老板。

6.3 影响人生和创业历程的三句话

人生在世，应该记住三句话。下面我把这三句话分享给大家。

第一句：行有不得，反求诸己。

这句话非常容易理解，就是遇到问题从自身寻找原因，也就是要抱有这样的想法：我没做好这件事是我自己的问题，跟别人没有关系，我要想办法解决问题。每当遇到问题时，我们可以问一问自己：我的工作做好了吗？我和别人沟通到位了吗？我们要少埋怨别人，多反思自己。然而，大部分人做不到，他们总是对别人指指点点，却从不反思自己的行为。

我一直要求自己团队的成员多反思自己，遇事不要互相推诿，也不要一遇到问题就相互埋怨。换句话说就是必须严于律己、宽以待人，遇到问题要共同想办法解决。团队成员先反思自己的行为，进行复盘，然后一起找出工作中存在的问题，并给出解决方案。在多次共同制定应急预案、共同进行复盘后，团队成员的合作会更加顺利。

我不仅在工作上这样要求团队成员，在生活中也是这样。曾经有一个代理每次和我见面都会向我吐槽她的老公，我有一次实在听不下去了，便说："这是你自己的问题呀！你自己眼光有问题，怪你的老公干什么？他又不是结婚后才变成这样的，他一直是这种人。你自己之前难道不知道吗？为什么之前你能够容忍那些问题，现在反而要怪他？"

我说的这些话有些不留情面，她听后愣了一下，说："雨思，你说得很有道理。"后来，她调整了对待自己老公的方式，再也不在我面前吐槽了。

无论任何时候，调整自己才是王道！

第二句：得道多助，失道寡助。

如果我们有正能量，那么一定要把它传递出去。给别人传递正能量，就相当于给别人带去了光明和希望。如果我们能让别人能量满满、有所收获，那么我们就能获得他的支持。当我们得到很多人的支持时，我们自然就能成功。

例如，你看完我的文章觉得特别好，那么你可以将它分享给你的团队。这就是传递正能量。如果你没有团队，你可以分享给你的朋友。这也是传递正能量。你传递的正能量越多,你的影响力就越大。

另外,我们一定要树立正确的"三观",即树立正确的人生观、价值观、世界观。只有树立正确的人生观,我们才知道自己为什么工作、为什么努力,才不会把时间浪费在玩乐上;只有树立正确的价值观,我们才不会被诱惑,才不会"走歪路";只有树立正确的世界观,我们看问题的角度才能更全面、更客观,才不会成为一个散漫、偏执的人。

得道多助,失道寡助。未来的竞争除了智商、能力和财力的竞争,还包括情商和"三观"的竞争。

第三句:聚焦,做减法。

成长的过程也是一个积累的过程。不管是好的东西还是坏的东西,有些人会不加分辨地全部接受。这样会导致他们的心理负担越来越重,日积月累,甚至会被压得喘不过气来。

有的人认为,活到老学到老才是人生的真谛。

但是为什么有的人生活得越来越轻松,而有的人却生活得越来越疲惫呢?事实上,这是因为有的人给人生做了减法,而有的人则没有。

在当今这个时代,我们身边有很多娱乐活动。我的许多朋友经常说自己有太多的事情要做,总是感觉自己的时间不够用。确实如此。想实现财务自由,想周游世界,想出一本书,想学弹钢琴,想拥有苗条的身材和马甲线,想学习多种语言……这些美好的愿景很难全部实现,因为我们的时间和精力是有限的。于是,我们就要给人生做减法,从而集中精力做好最想实现的那几件事情。

给人生做减法其实和花钱是一个道理：首先，计算出自己可以花费的金钱（时间）；其次，根据需要花费金钱（时间）的事情的重要性（现在和将来）给它们排序；最后，按照顺序花费金钱（时间）完成特定的事情，并在花钱（休闲娱乐）与存钱（学习）之间做好平衡。

金钱上的投资能够带来复利效应，时间上的投资也能引发复利效应。因此，为了让生活变得更有条理，我们应及时舍弃那些无用的东西，如没有意义的人际交往、无用的知识、杞人忧天的想法、不切实际的梦想等。

总之，凡是让我们感觉不开心的事情，我们都可以不用理会，这样才可以走得更远。如果我们随身携带太多的"包袱"上路，那么旅程只会更加艰辛。

抓紧时间，做好减法，将有限的时间留给值得珍惜的美好事情和你在乎的人。

6.4 为什么你不自信

我接触了很多人，我发现一些人的不自信深埋于骨子里。他们觉得自己身上存在各种缺点，如样貌不出众、身材不好、工作能力不强、情商不高、口才不好……

为什么有的人时常感到力不从心，因为他们总是怀疑自己、否定自己。那么，这些人为什么会对自己产生怀疑和否定呢？

接下来，我给大家分享三点原因。

第一点，长期对自己进行负面评价，从来不给自己正向反馈。

有些人取得成就时从来不鼓励自己，觉得自己取得成就是应该的，没有取得成就才是不正常的。他们不去肯定自己，也不给自己正向反馈，长此以往便失去了自信。

也有很多人会在自己遭遇失败时觉得自己哪里都不好，干什么都不行，给自己过多负面评价。

其实，很多时候一个人的能力会受到自信的影响。如果你觉得自己什么都不行，你的能力便无法完全施展出来，你可能就真的什么都做不好了；反之，如果你觉得自己什么都能做好，你的能力便可以完全施展出来，你就有可能将事情办得非常圆满。

第二点，对自己的爱是有苛刻的条件的。

很多人不愿意无条件地爱自己，他们给自己的爱是有条件的，而且条件往往很苛刻。

例如，这个月你想减重5斤，于是告诉自己："如果我瘦了5斤，我就奖励自己一套新衣服。"当你"管不住嘴，迈不开腿"时，你就会否定自己，使你的自信受损。

其实，你应该无条件地爱自己。当然，无条件地爱自己并不等于不自律，而是接纳自己的一切，并始终保持乐观、自信的生活态度。

例如，今天你少吃了一口饭，你可以对自己说："很棒，试着保持！"当你不小心多吃了一口高热量的食品时，你可以对自己说："今天贪吃不对，明天不要这样。"

当你内心有很多评判标准，对自己的要求过高时，你就会"内耗"。但当你无条件地爱自己时，你便不会去苛责自己，而会以愉快的心情调整自己的行为，这样自然就更易于实现自己的目标。

第三点，内心不够坚定，随外界的变化而变化。

外界不停地变化，我们应守护好自己内心的平静。

如果过多地关注外界的变化，就会导致自己的内心躁动不已。同时，过多地关注外界，也会让自己陷入过度比较的困境。

只有不与他人比较，我们才能回归内心的平静。我们不要去和别人比，只和自己比，做自己的英雄即可。

针对以上三点，大家可以认真思考，以明确自己内在的情感需求是否得到了满足，也就是潜意识层面的需求是否得到了满足。因为很多时候不是意识决定命运，而是潜意识决定命运。

如下图所示，意识只是冰山的一角，潜意识是隐藏起来的绝大部分。

给自己足够的肯定和赞美，增强自信心，这样你的生活才能顺风顺水。

当你不断给自己正向反馈时，你自信的力量就会很充足，相当于给自己打造了一个"加油站"。

当你停止"内耗"，关注自己的潜意识时，你会发现自己每天都过得很开心。当你感到开心，懂得感恩时，你吸引来的就是感到开心和懂得感恩的人。

实际上，资源会流向不缺资源的地方，就像大海不缺水，但是成千上万条河流奔向大海。只有你相信自己是美丽的、优雅的，你才会吸引更多想要变得美丽、优雅的人。

最后，送给大家三句话。

（1）自信是人生的第一桶金。

无论任何时候都不能失去你的第一桶金，否则你就会陷入自我怀疑之中。

（2）自信是潜能的放大镜。

只有突破，才能获得新生；只有不断突破，才能释放自己无限的潜能。我们要相信自己，敢于突破自己，去追求自己人生的无限可能。

（3）天才的秘密在于五个字——相信你自己。

如果一个人不相信自己，那么做什么都很难成功；如果一个人相信自己，那么无论做什么都有底气。看到优秀的人，我们不要羡慕，更不要嫉妒，而要告诉自己：假以时日，我也可以做到。

牢记以上三句话，不断增强自信，你就会能量满满、干劲十足。我再送给大家一句话：当你相信自己时，世界就会为你敞开。

6.5 三种心态助你成功创业

创业者要有一个好心态。没有好心态，又怎么能创业成功呢？接下来我把创业者应该具备的心态分享给大家。

心态一：懂得"延迟满足"。

在我们这个圈子里，很多人觉得"炫富"才能吸引别人。于是，他们赚钱后就购买汽车、房子，用这些看得到的实物赢得别人的羡慕，让别人因为羡慕而加入他们的团队，而不是因为真的认可。

在我创业的第三年，我就赚到了人生的第一个100万元。那时，我本可以将这笔钱用于支付两套房子的首付，但是我没有这样做，而是把这笔钱用于投资一个我非常认可的项目，而且是全部用于投资。我觉得，我什么时候都可以买房子，但是好项目不一定常有，我一定要紧紧抓住它。

这个决定使我的资金在短短两年内便翻了10番！之后，我购买了一套别墅，并发了一条朋友圈："哇，喜欢付钱。"

很多人对花钱没有抵抗力，赚到钱后只想尽情挥霍。要让他们别挥霍，把钱用于投资，很多人是不愿意的。实际上，很多人赚到钱后也没有幸福感，反而感到空虚。

应该如何应对这种情况呢？我们要学会"延迟满足"。例如，小孩子想吃糖，但是我们不要立刻满足他要吃糖的需求。"延迟满足"他的需求，他反而会更加珍惜这颗糖。

心态二：有大梦想。

很多人不敢有大梦想，认为那只是一个奢望。人们常说，梦想有多大，舞台就有多大。但是，在社会上经过一番摸爬滚打，很多人逐渐被现实磨平了棱角，也逐渐忘了曾经的梦想。曾经的诗和远方不复存在，留下来的只有工作中的酸甜苦辣，工作变成了一个养家糊口的工具。

在生活中，我经常听到有人说"我学历低，找不到好工作，现在就是一个小职员，以后也不会有大的发展""别人做这件事情失败了，我也一定会失败""我学了很久都没有学会，我就是没有这个天赋""我的父母没有钱，我怎么和别人比"……

其实，这些都是为了不努力而给自己找的借口。在电影《肖申克的救赎》中，男主角安迪说："希望是一件好事，也许是人间至善，而美好的事物永不消逝。"

心有多大，舞台就有多大。只要你愿意突破自己的思维局限，你就有无限的可能。

刚进入轻创业这一领域时，我的目标是赚一些零花钱。然而，当我一周就赚了几千元时，我告诉自己：未来一定要成为一个富有的人。等到我的业绩又提升到一个高度时，我告诉自己：未来要带着更多的人赚钱。

俗话说：立大志得中志，立中志得小志，立小志不得志。我从来不会在自己已经拥有很多东西时再去制定目标，我觉得那样制定的只是短期目标。目标应该是远大的，是你20年或30年后要做的事情，甚至是你这辈子要做的事情。

心是一个人的翅膀，决定一个人能飞多高。很多时候，限制我们的不是他人的言行或外在的社会环境，而是自己的内心。

心态三：及时"踩刹车"。

在启动现在这个品牌的事业后，有两年的时间我一直处于拼命往前冲的状态。之后，我一直沉淀，一直学习。

其实，很多人不愿"踩刹车"出于一个很重要的原因，那便是在停滞不前时会遭受很多流言蜚语。

"你看她不行了吧！""你看她不赚钱了吧！""幸亏当时没跟她做，不然得赔死！"这是我在沉淀时，听到的最多的声音。

作为一个创业者，你一定要懂得屏蔽外界的声音。否则，你一边"踩刹车"自我沉淀，一边被外界的声音干扰，就会导致你根本不能安心地沉淀自己。

每一个创业者都应该有自己的节奏，保证自己在前行过程中不被外界影响。对于什么时候要"猛攻"、什么时候要停下来养精蓄锐，每一个创业者都要做到心中有数。

要想取得成就，就要付出努力。但是，仅依靠努力是不够的，我们还必须把握时机。任何事情的发展都是有规律的，都会有成长期、巅峰期、衰落期。当我们掌握了事情发展的规律后，我们要做的就是在关键的节点顺势而为。只要天时、地利、人和皆有，就没有做不成的事情。

谋事在人，成事在"时"。一个人能成事，关键在于时机。只要拥有这三种心态，不断努力朝着目标迈进，我们就能成就一番事业。

第7章
团队管理：
带出战斗力强的团队

本章将教你如何用简单的方法做好团队管理，带出战斗力强的团队；帮助你做好管理者，带领团队充满复制力；探讨现代化考核背后的淘汰机制，从而使你有能力应对激烈的市场竞争。

7.1 学会这些方法,团队管理不再难

俗话说:得民心者得天下。好的团队能够做到以人为本,能使团队和个人都获益。那么,究竟该如何管理团队呢?

下面我便为大家分享几点经验,旨在给大家管理好团队提供一些帮助。

1. 讲究团队成员质量

"人海战术"在这个时代已经过时了,如今的团队管理者更加注重成员的质量。例如,我的代理群的成员数量固定为 500 人。有新代理加入,就要有老代理退出:谁业绩差谁就退出,谁不用心经营、经常不发朋友圈谁就退出。我的方法可供参考,即便你的团队没有 500 人,你也可以采用。

2. 激励团队成员

很多人带团队,要么不给团队成员设置目标,要么一味地让他们冲业绩。团队管理者需要制定长期总目标、一年的目标、三个月的目标及每个月的具体目标。只有将目标按阶段层层细分,团队才能目标明确,按照管理者的规划稳步向前。

另外,团队成员偶尔懈怠、停滞不前是正常的,这时管理者

需要提醒和激励他们。有的团队成员只有经过管理者点拨，才会行动。除此之外，管理者还需要引入奖励机制，给团队成员布置任务并带领他们冲业绩。

那么，如何给团队成员安排任务呢？

（1）制定各种小目标，如单次活动目标、单月活动目标等，并通过设置适当的奖励调动团队成员的积极性。

（2）制定稍微大一点的目标，如半年目标、整年目标等，带领团队成员冲业绩。

（3）制定更大的、统一的目标，如品牌在 5 年后和 10 年后要做到怎样的规模，让大家对团队的发展前景充满信心。

怎样划分长期目标和短期目标呢？这就需要管理者自己进行设计了，但要注意循序渐进，不能操之过急。

3. 重视榜样的作用

团队是为了达成一个共同的目标而聚集起来的团体。团队成员基于同一个目标、同一个发展方向而努力。在这个过程中，团队成员需要有明确的分工，精诚合作、优势互补；需要团结友爱、关心互助；需要风雨同舟，甘苦与共！

在团队中，榜样的作用不可小觑。

管理者要为团队树立行为标杆，团队里的优秀人物应该成为团队成员学习的榜样，要让团队充满激情地工作。

管理者可以用"地位感"调动团队成员的积极性。例如，更高级别的人拥有更多的权利，业绩更高的人能获得更丰厚的奖励。这样才能激励团队成员拼搏进取，为团队业绩的提升做出更大贡献。

4. 学会放权

如果管理者对团队里的事情都亲力亲为，不仅团队成员得不到锻炼和成长，而且自己会感到非常累。因此，管理者要学会给团队成员以权限，发现并培养优秀的人。

每个人都有实现自我价值的愿望，放权有利于团队成员接受富有挑战的任务，使他们充分发挥积极性和创造性，不断地提升自己。

管理者应该把握好指挥、监督、批评和奖励的尺度，否则会影响团队成员的情绪和士气，进而导致工作出现问题。管理者应充分相信团队中的每位成员，让他们有足够的行动自由和决策自由。当然，管理者也要在恰当的时机给予团队成员必要的指导、建议和鼓励，这样才能带领团队朝着既定的目标不断前进。

5. 启动淘汰机制

带团队和培养人才需要管理者投入大量精力。虽然表现不佳的团队成员会浪费团队资源、阻碍团队的发展，但是不到万不得已，大部分管理者不会启动淘汰机制。针对那些毫无团队精神和集体荣誉感的团队成员，以及那些一直表现不佳的团队成员，管理者应"快刀斩乱麻"，这样才能让团队成长得更快。

如果没有淘汰机制和奖励机制，就会有越来越多的团队成员对工作敷衍，从而滋生"长期摸鱼"的风气，导致团队的工作效率越来越低。很多管理者不敢启动淘汰机制，主要是担心启动后会导致团队动荡，但是一个死气沉沉的团队难道是自己想要的吗？是不是还不如对团队进行彻底的清理呢？

6. 进行感恩教育

感恩是一种处世哲学，是生活中的大智慧。只有懂得感恩的人才会付出。一个人只有有了感恩之心，才会觉得自己有责任回报社会，才会对自己所做的事情负责。

感恩别人，其实是在为自己开路，一个人会因为感恩而拥有更多机会。因此，在管理团队的过程中，管理者应打造感恩文化，这样团队才会更有凝聚力，团队成员的格局才会更大。

总之，管理者想要更好地管理团队，不仅要识别人才、培养人才，还要用一些办法调动团队成员的积极性，充分激发团队成员的协作精神及潜力，从而推动团队更好地发展。不过，每个团队的经营模式与管理理念存在差异，管理者应根据团队的实际情况进行管理。

7.2 做好"老师"的三点感悟

"师者，所以传道受业解惑也。"老师是一个非常伟大的职业。学无前后，达者为师。我做了半年的知识付费项目，有8年多的微商带团队经验。虽然有很多学员用"老师"来称呼我，但是我从不敢以"老师"自居。不过，在这个特殊的日子里，我想将自己做"老师"的经验和感悟分享给大家。

1. 传授自己的经验和理念

自从我开始带学员，我发现自己似乎承担起了"老师"的责任。我要带领团队往前走，要给学员指引方向，必要时还要为他们进行培训和答疑解惑。在这个过程中，我逐渐意识到，在教授别人时，一定要将自己的感悟同步输出，照本宣科发挥不了很大的作用，甚至可能引发不良后果。

例如，我发现我的一位学员经常在朋友圈讲一些大道理。我就对她说："你不要在朋友圈发这些了，踏踏实实地发产品卖货吧。"因为我觉得这位学员没有取得什么成就，所以她还没有资格向别人传授成功的经验。

其实，每个人都是一个自媒体，每个人都有自己的影响力。我们应该让自己说出去的每句话、传播的每个理念、讲述的每个道理，都是"干货"，都对别人有用。否则，泛泛而谈、拾人牙慧，不仅吸引不了别人，还会惹人反感。

为什么很多人会被我的朋友圈吸引？这是因为我从来不讲大道理，我讲的都是自己的亲身经历，传授的每条经验都是自己总结出来的。

2. 要有一颗包容的心

在前几年带团队，尤其是带核心团队时，我一直采取打压式管理的方法。我觉得某个人特别有潜力，便在他稍微做出一点成绩时对他进行打压。其实，我这样做是出于一片好心，担心他稍微有点成绩就骄傲。那么，结果如何呢？结果并不好。

后面这些年，我一直在思考为什么。后来，我找到了原因：每个人的抗压力不一样，我不能把所有人都当成我自己去培养。

我是一个抗压力很强的人，于是想当然地以为所有人都和我一样。

我忽略了他人的感受，做到了严于律己，但是忘了宽以待人。

用一颗包容的心对待别人，首先要学会理解别人，以责人之心责己，以恕己之心恕人。人生其实没有那么多大道理可讲，只有相互理解、相互宽容。

这个世界上没有人是完美的，我们要用包容的眼光看待他人。只要能拥有一颗包容的心，学会宽容别人，那么，我们的世界会开阔许多，我们的心情也会变得舒畅。

3. 不要着急

每个人的悟性不一样，每个人的资质不一样，每个人的能力也不一样，因此，有的人学习新知识很快，而有的人很慢。

作为一个成年人，我们做事情不能着急，学习上也不能着急，对于结果更是不能着急。每个人的资质不一样，有的人听一遍我讲的内容就懂了，但是有的人听三遍还是不懂。在给学员传授知识的过程中，我不断地打破自己的认知，因为我需要先把自己已经拥有的东西清空，然后才能吸收一些新的东西进来。

传授知识是一件需要花很多心思的事情，同时需要不断学习、不断积累新的知识。老师不仅要传授知识，而且要育人；不仅要言传，而且要身教。老师是太阳底下最光辉的职业。

7.3 培训让团队充满复制力

前两天我和一位朋友聊天，谈到了与客户沟通的问题。这位朋友说刚从事销售工作时，每次给客户打电话都希望客户挂掉自己的电话，因为不知道该如何和客户沟通。

这使我明白了一个道理：虽然团队新成员接受了培训，但还缺乏实战经验，在实战时依然会不知从何下手。这时管理者就应该挺身而出，把培训的重点内容向新成员演示一遍。就像我的这位朋友提到的打电话环节，管理者可以亲自给客户打电话，在打电话的过程中合理运用一些沟通技巧，让新成员学会把这些技巧运用到实际工作中。打完电话后，管理者要引导新成员对这个过程进行分析，并总结优点与缺点，加深新成员对打电话环节的切身体会。

具体来说，在培训新成员方面，管理者要做到以下两点。

1. 做好充分的准备

培训前，管理者要做充分的准备，多练习要演示的内容，直至熟练到不会产生技巧上的问题，再给新成员演示。

2. 整理好标准的讲解内容

标准的讲解内容分为三个部分：理论部分、流程部分、案例部分。理论部分，为销售行为提供底层支撑；流程部分，让新成员掌握基本的销售步骤；案例部分，结合实际情况分析销售行为。

在培训中，管理者可以让新成员进行角色扮演，比如介绍公司、介绍产品、讲述成功的案例。培训内容要系统，对于向新成员传授哪些内容、怎样传授，也要有一定的标准和技巧。

制定好流程、标准，并关注细节，这样培训才有效果。作为团队的领头人，管理者要帮助新成员避免走自己曾经走过的弯路，帮助他们分析销售失误的原因，找准错误根源，使其掌握正确的工作方法，逐渐步入正轨。

一项心理学研究表明，行动是一个较好的、较为有效的学习方法。在培训团队新成员的过程中，管理者亲身示范很重要。管理者可以模拟一个销售场景，和团队新成员一起演练，教会他们如何说话可以尽量降低客户对销售人员的反感程度。在向他们传授沟通技巧的同时，管理者还要让他们知道客户拒绝购买很正常，不要因此丧失信心。作为培训内容的讲授者，管理者要具备很强的讲解能力及亲和力。

在新成员进行第一次演练时，管理者要认真观察，找出该成员与自己的差距所在。找出差距的目的，不是明确谁是正确的、谁是错误的，而是帮助新成员成长、提升能力。管理者不应用对错来评判新成员的能力。

在带领团队新成员进行演练时，管理者应该做到"四不"：不点评、不打断、不询问、不批评。

演练结束后，管理者要对新成员的表现做出评价。管理者应先指出新成员的优点，对其表现予以肯定。在表达肯定后，管理者再对新成员的缺点进行分析，让其认识到自己的不足，从而有针对性地提升自己的沟通技巧。

同时，新成员要对自己的表现进行总结，并表达自己在演练中的感受。这样做的目的是让新成员了解目前自身的不足之处，从而做出相应调整。管理者要明白，新成员的表现没有对错、好坏之分，也没有优秀和不优秀之分。管理者要做的是认真帮助新成员分析失误的原因，带领新成员尽快走上正轨。

了解、掌握理论和学会实际操作所带来的结果是不一样的。要想达到目标，一次模拟演练是远远不够的，必须经过多次演练，并不断修正，直至达到理想的效果。

机械性地重复是枯燥乏味的，没有人愿意一直重复做一件事情。虽然熟能生巧这个道理很多人都懂，但并不是每个人都可以坚持下去。正所谓"铁杵磨成针"，通过反复进行机械性的销售演练，新成员一定可以熟练掌握销售技巧，在与客户沟通时做到游刃有余，更轻松地促使客户成交。

销售演练是必不可少的，而且只有经过多次重复练习才能达到理想的效果。作为销售人员，我们要在重复中积淀、在重复中升华——只有进行量的积累才能实现质的飞跃。

第8章
事业升级：
掌握持续盈利的方法

本章将在盈利的基础上帮助创业者掌握持续盈利的方法，通过三个底层逻辑，帮助创业者走出思维误区，提升创业者的认知，从而使创业者快速"破圈"，更快实现事业升级。

8.1 三个底层逻辑，获得客户信任并成交

因为我把我即将讲述的三点踏踏实实地做好了，所以我可以持续赚钱。也就是说，如果你可以踏实地把我即将讲述的三点做好，你也可以赚钱。

第一个底层逻辑：吸引流量。

产品最终是要被卖给客户的，而所有的成交都在于一个概率问题。也就是说，你不可能与你微信里的所有好友成交，那么，当你的微信好友不多时，你的产品卖给谁？

我们要想成交，要想赚钱，就要重视流量。我不会教大家如何从抖音、小红书、微博吸引流量，因为这种方法存在"幸存者偏差"。真正依靠这种方法长期赚钱的人只有少数，绝大多数人只有一两条内容爆火，因此，不可能长久地依靠这种方法赚钱。

我给大家分享一个超级简单、人人可用的方法。通过这个方法，你不需要付出金钱和很多时间就可以获得流量。

这个方法就是互换流量。

你可以跟你微信中和你所做项目不同的人进行流量互换，这是一个比较直接、有效，且能快速使彼此获得流量的方法。

例如，你的微信中有2000个好友，对方的微信中也有2000个

好友,你们微信好友的重复比例为10%,还有1800个好友是不重复的。假设每天流量互换的数量为10个,那么一个月后你和对方都会新增300个好友。需要注意的是,对于新增的好友,你给他发送的打招呼的文字一定要走心,不能直接打广告,并且要给新增的好友赠送一份礼物,以使其对你更有兴趣。

流量互换是一个非常简单的方法,这个方法可以让你和更多的人连接起来,使你获得更多的客户资源。

第二个底层逻辑:解决信任问题。

成交的前提是信任,如果信任问题得不到解决,就很难成交。

要想成交,非常关键的一环是建立信任。那么如何建立信任呢?

第一个方法是"混脸熟"。你每天都出现在对方面前,即便你们没有交流,时间长了,对方也会觉得你眼熟。"混脸熟"这种方法对快速建立信任非常有效——只要经常看到你,过一段时间对方就会熟悉你,无形之中信任就建立起来了。

有些人担心:我在朋友圈发那么多内容,别人把我屏蔽了怎么办?其实完全没必要有这种担心。因为别人不会时时刻刻都关注你,只要你不是连续地发几十条朋友圈,别人就不会感觉出来你在刷屏。

过于在乎别人的看法,是弱者才有的思维。一般来说,强者会积极主动地影响别人。

你不要试图获得所有人的认可,你只需要筛选出和自己同频的人就可以了。

第二个方法是帮助别人设计成长路线。所谓设计成长路线,是指在逐步建立信任的过程中，你应该引导客户循序渐进地对你产生信任。

以我的项目为例，我给代理设计了一条与客户沟通交流的路径，并明确了客户成长路线。代理只要按照我设计的路径去执行，就能快速与客户建立信任关系，且出单非常快。

想促使成交，就一定要有耐心，因为信任感是逐步升级的，而建立信任需要花费时间。该主动时，你一定要主动和别人聊天。假如每天主动找 5 个人聊天，一个月后你就和 150 个人加强了联系，其中一定有成交的客户。

第三个底层逻辑：注重自己内心的问题。

你的内在决定了你的外在，你可以时不时地审视你的内心，看看自己是否经常说负面的话，尤其是说一些与金钱、财富有关的负面的话。

举例来讲，其实你的身体很健康，但是你总觉得自己好像生病了，在潜意识的作用下，你真的有可能生病。生病只是一个结果，并不是根本原因。根本原因是你在潜意识里一直觉得自己生病了，于是心理上的问题引发身体上的结果——生病。

赚钱也是同样的道理。你现在有没有钱、有多少钱，都只是一个结果，真正决定这个结果的还是你的想法。内在的潜意识，在一定程度上决定了你的外在表现。

如果你想赚钱、想变得富有，就应该先改变你的潜意识，这样才有可能让你的财富发生变化。

如何改变你的潜意识？

第一个方法非常简单，就是环境影响。如果你身处一个思想意识、能量都是正向的环境中，即便你产生一个负面的想法，你也会被周围的人从负面想法中拉出来。例如，在社群中，成员需要一起策划活动，你本来只想"躺平"，但大家都"内卷"，于是你也不得不干。改变你潜意识的一个重要因素就是环境影响。

第二个方法是重复正念。例如，你要带大家一起直播，但是你的潜意识里有一个声音：我自己都讲不好，真的可以直播吗？这个声音是负面的，是消极的。

什么是重复正念呢？就是你在内心反复告诉自己：我可以做好直播，我一定可以，我真的可以。重复这一点，你就会有积极的心理暗示，从而做出正向的行为。

有的团队成员对我说："雨思，我用了你说的重复正念的方法，可我还是会有负能量出现。"如果你有在短时间内改变自己的潜意识的想法，就说明你对潜意识的认知是不正确的。你只需要记住一点：无论负面情绪出现100次、1000次，还是10000次，你都要把它"打"回去。当你将它"打"回去10000次时，你心里一定不会再有这个想法了。

第三个方法是主动喜欢。例如，你需要撰写一个朋友圈文案或公众号文案，或者需要开一场直播，你可能觉得"我不行"。虽然你使用了重复正念的方法，但你所获得的能量可能还不够。这时你可以转变自己的心态，尝试主动喜欢你要做的那件事。

例如，你要开一场直播，你可以在直播前对自己说"直播太好了，我简直太喜欢直播了，怎么会有直播这么好的工具呢"；你可能很讨厌撰写文案，那么，你可以对自己说"哇，我太喜欢写文案了，我一定会越写越好，写文案真的太爽了"。

以上方法可以结合起来使用，只要用对了方法，你的潜意识一定可以逐渐改变。

我们要保持积极向上的心态，让自己变得越来越有正能量，让自己的内在越来越丰满。对于比我们优秀的人，我们要发自内心地去赞美；对于比我们差的人，我们也不能嘲笑。

在这个基础上，我们可以坚持做一些有助于自己积累、沉淀的事情。例如，我一开始从来没有想过要坚持发朋友圈，只是抱着分享生活、分享工作的想法。但在坚持一段时间之后，很多人从中受益，于是他们反馈给我，让我变得越来越有能量。

我们不仅要主动提升自己的内在能量，还要主动做一些可以使自己有所积累、可以帮助别人的事情，这样我们的内在就会越来越丰满，能量也会越来越多。

8.2 一个思维，突破赚钱难题，业绩涨 10 倍

我们要明白，客户真正想要的是价值感。

很多时候，由于我们缺乏价值思维，导致成交没有那么顺利。

很多人很有能力，但是赚不到钱，原因可能是他们缺乏价值思维。我的一位学员曾经对我说："雨思，为什么我感觉你卖什么东西都能赚钱，什么东西都可以卖掉？"这是因为价值思维根植于我的脑海中，能够时刻帮助我。

下面我将通过三个方面把价值思维讲解透彻。当你拥有价值思维之后，你眼见之处都是商机。

第一个方面，你要明白，无论是实物产品还是虚拟产品都只是工具。对客户来说，他们真正想要的是价值感。

什么是价值感？就是好处和感觉。

客户找你买产品，他要的不是产品本身，而是产品能够带来的好处和感觉。只是绝大多数人不懂这个道理，尤其是一些很专业的人。

很多销售瘦身产品、养生产品、大健康产品的人都很专业，但是他们往往无法取得很好的销售业绩。一个很重要的原因是他们深陷自己的专业思维和产品思维中，很难跳脱出来去真正了解客户的认知。

当你不了解客户的认知时，你就很难变现。因为客户不需要你给他讲道理，他要的是"有用"。

第二个方面，你要明白什么是"有用"。

就像我的课程，在三节课中，我不会给你讲很多东西，我只需要把一个关键点讲透即可，这样其实就能帮到你。

很多人在讲课方面会陷入一个误区，即试图把他掌握的所有东西都传授给别人，这样反而导致他的讲课效果很差。

我销售护肤品已经七年了，在前五年中，我一直销售修复类产品。以前，我总是这样劝说客户：你要使用温和的产品，你要修复皮肤……这些话意味着虽然我的产品有效，但是见效很慢，很多客户不喜欢听这类话。

曾经我一度以为是客户的问题：因为客户没有耐心，所以才不听我的劝告，不购买我的产品。可是随着我的销售认知不断提升，我发现其实不是客户有问题，而是我这个销售产品的人有问题。

难道客户不懂这个道理吗？不只我一个卖家和他讲过这些道理，他也不是第一次知道要使用温和、有修复功效的产品。可是为什么他还在寻找能够解决他的痛点的产品？因为之前的产品都无法很快地解决他的问题，都无法快速满足他的需求。这才是根本原因。

于是，我明白了：我的产品不仅要安全、温和、有修复功效，还要有效，且能尽快见效，只有这样才能引起客户对我和我的产品的重视。

只有你或你的产品对客户有用，才可以引起客户的重视。如果无法引起客户的重视，那么即使你的产品再好也没有用。

第三个方面，从产品的名字、价格方面入手引起客户的重视。

产品的名字非常重要，产品的名字是否有冲击力决定了产品给客户留下的第一印象是好的还是坏的。因此，给产品取的名字一定要能给客户带来刺激。

有人说："我的产品的名字没有这么刺激，怎么办？"

我教你一个小妙招：给你的产品取一个小名。例如，我的一款产品——晶钻霜，我给它取了一个小名——容嬷嬷扎扎霜。因为在使用过程中有效成分会渗透进皮肤。

再如，我有一个讲夫妻关系的社群，叫"如胶似漆训练营"。客户一听名字就知道这个社群是讲什么内容的。

产品价格也是一个重点，价格是导致很多人赚不到钱的一个原因。

作为销售人员，我们要记住：不要站在自己的角度去选择产品。很多人只凭借自己的经验去选择产品。但是根据我这么多年的销售经验，我可以很负责任地告诉你，销售人员永远不要站在自己的角度去选择产品。

大部分人在购买产品或服务时，心中是有一个标准的。他们的标准你是猜不到的，因此你不能以你的消费标准去选择项目，这样很可能选择错误。

很多品牌创始人会陷入一个误区：我喜欢什么产品，我就推出什么产品。如果这样做，那么品牌很难发展壮大。因为品牌创始人是站在自己的角度思考问题的，而他能代表多少人呢？事实是，他代表不了多少人。

我经常听到一句话："雨思，我身边的人都跟我一样呀，如果我觉得这个贵了，那么他们肯定也觉得贵了。"

有这种想法的人无法把销售事业做大、做强。但凡能够在销售领域做大、做强的人，几乎没有一个是依靠身边的人做起来的。

销售领域有一个理念：客户不一定喜欢便宜的产品，但客户喜欢占便宜。

某年的母亲节，我带领我的品牌开展了一场促销活动。活动非常火爆，所有的"铁粉"都被激活了，因为我是按照上述理念设计活动的。

很多品牌都举办打折促销、买一送一的活动，这其实就是给客户提供了便宜购买产品的机会。一些商家认为客户喜欢打折、喜欢便宜。实际上，客户是否喜欢便宜的产品是不确定的，但可以确定的是，客户一定喜欢占便宜。

于是，在那年的母亲节，我针对客户喜欢占便宜的心理开展了一个活动：只要客户和自己的母亲拍一张合照，发到朋友圈并集52个赞，就可以免费获得一盒产品。

看似这个活动让客户占了便宜，其实从公司的角度来说，这个活动大幅提升了公司对外的形象。

再拿我销售的晶钻霜这款产品来讲，我给它制定的销售策略也遵循了这样的理念。我们去美容医院做一次海绵微针至少上千元。我将它做成涂抹式的产品，300多元可以做4次，比在美容院做便宜了很多。如果客户购买2000元的套餐，就更便宜了，可想而知大部分人会怎么选择。

很多人觉得自己很难销售出去价格高的产品，这是一个错误的想法。任何产品，只要你敢于销售，就一定有人买。

产品的定价是根据目标群体的消费能力来定的，并不是产品的定价越低就越好卖。我不建议你选择一些特别便宜的产品去销售，因为这样会拉低你的定位。

即便你因想走量而启动团购项目，你也要在团购项目里加入价格稍高的产品。因为如果产品太便宜，那么客户和经销商的放弃成本都会很低。

从事销售工作，我们不能给自己设限。在销售过程中，我们不要害怕，要有底气。

例如，我的课程售价是39.9元，对于客户而言，这个价格让他们感觉自己赚到了；对于我而言，我不必担心客户觉得贵而不购买我的课程，只要他购买了我的课程，我就有信心将他们转化成我的忠实客户。无论我们所销售产品的价格高低，我们都要认可其价值，这一点非常重要。

如果客户没有购买，你却付出了很多，就说明你对自己产品的价值不认可。你一贯地付出是不利于成交的。

在现实中，很多销售人员都会过度服务。例如，你迫切想要与某位客户成交，于是你就滔滔不绝地向他输出很多内容。这样不好，销售讲究适可而止。

如何让客户觉得你的产品价格不高呢？

一个有效的方法就是用一个价格更高的同类产品和它对比。没有对比，就没有突出。在知识付费圈子里，很多讲师都采取对比的方法促进课程销售。例如，他们会推出一年 300 万元或 500 万元的课程，也会推出一年 10 万元、20 万元、30 万元的课程，相比之下，后一类课程更好卖。

因此，当有客户跟你说觉得产品价格高时，你可以将其与价格更高的产品进行对比，这样客户更容易接受你的产品。

8.3 如何快速"破圈"，提升你的认知

为什么要链接人脉？因为链接人脉可以提升你的认知，为你的事业更上一层楼提供助力。

人与人之间的不同不在于智商，而在于认知。你身边和你关系最好的 5 个人的认知水平的平均值就是你的认知水平。

我们到底应如何链接人脉呢？

在链接人脉方面，第一个重要的因素是信息。和别人链接的前提是，你能给别人提供信息。你能给别人提供的信息越多，那么你可以链接到的人脉就越多。你也可以把信息理解成价值。

赚钱的本质就是赚信息差产生的收益，能够赚到钱是因为其

提供的信息更加有价值。例如，有的学员在上完一次我的文案课之后，觉得比市面上的很多文案课都好，于是他把我的文案课内容吸收、消化，形成自己的东西，之后拿去卖给别人。这相当于他用自己获得的信息去链接更多人脉。

你可以用所有你能够得到的信息去链接人脉。

链接人脉的第二个重要因素是资源。资源是价值的一种表现形式，你可以将自己拥有的资源拿出来和别人交换。打造个人品牌的关键就在于资源的链接和互换。

就像我的私董会，我会把我的私教学员推广出去，让更多的人知道他们，当然，他们也会让他们的资源和我链接。在这个过程中，我们双方个人品牌的影响力都会得到提升，对于双方打造个人品牌都是有好处的。

人脉关系网可以通过链接得到扩大。在人脉链接的过程中，要么产生信息互换，要么产生资源互换。如果你既拥有信息，又拥有资源，那么你进行人脉链接就会很轻松。

在进行人脉链接的过程中，有哪些误区需要注意？

第一个误区：很多人觉得只要认识的人多，链接的人脉多，就会赚钱多。

这是不正确的。

我有一个学员在加入微商这个圈子之前是销售保险的。在保险业不景气之后，她就想在线上寻找一种能够让她增加收入的方法。在这个过程中，她购买了 100 多种课程，认识了 100 多位专注于打造个人 IP 的老师。她挑花了眼。虽然她认识了很多人，也链接了很多人，但是她的收入并没有明显增长。可见，只要认识的人多，链接的人脉多，就会赚钱多，是一个误区。

再举个例子，假设你的朋友圈有200个人，而真正和你成交的人只有五六十个人。这是不是也印证了这个说法？

第二个误区：单向的人际关系是人脉。

人际关系是双向的，单向的人际关系不是人脉。在人际交往中，如果只是你认识我，但我不认识你，那么我们之间的关系就不能称为人脉关系。

第三个误区：认识的所有人都是人脉。

大部分人都认识很多人，但不是每个人都可以成为人脉。例如，你认识我，你想跟我形成人脉关系，但对我来说，不是你认识我，我就是你的人脉，而是你认识我且能给我提供价值，我才会成为你的人脉。

在人脉链接方面，很多人都存在以上三个误区。一些人把单向的人际关系理解为人脉关系，也有一些人把自己认识的所有人都当作自己的人脉。

下面是链接人脉的三个要点，只要做好这三点，你就可以链接到更多的人脉。

要点1，提供价值。

当你可以给很多人提供价值时，你的人脉关系自然而然就建立起来了。

例如，我刚开始运营社群时，我的社群都是超值交付的，因为我不断地给社群成员提供价值。

后来，我的很多学员推荐他们的朋友报我的课程，甚至他们直接在朋友圈帮我宣传、造势，我"被迫"链接了很多人脉。

如果你想要链接更多人脉，很重要的一点就是要在你现有的人脉关系中给他们提供足够的价值，这样你自然就会有更多的人脉。因此，在链接人脉之前，你应该思考你可以给别人提供什么价值。

不要觉得自己没有价值，你会的东西，一定有人不会，一定有人比你做得差。你要习惯性地认可自己的价值，然后提供给别人。给出去的东西越多，你收获的东西就越多。

如果你不给别人提供价值，你的人脉、资源就会匮乏。人脉链接是一个有舍才有得的过程，想有所得，就要有所舍。

要点2，树立标签。

树立标签就是表明你是做什么的，如你的职业、你的身份。你的标签要树立好，而且定位不能随便改变。不要急于告诉别人你是做什么的，只要你有了一个明确的、细分的定位，并持续地传播这个定位，别人就会知道你是做什么的了。

你的形象一定要和你的标签是匹配的。需要注意的是，不要随便用"导师"这个称谓标榜自己。在还没有取得显著成果之前你就称自己为导师，会有"误人子弟"之嫌，也很难让你的学员真正信服你。

你的标签就像你的名片一样，标签的内容很重要。在初期，你的标签可能不是很好，也不是很精准。没关系，你在后续发展过程中逐渐打磨即可，但是一定要有标签。

要点3，常怀感恩。

想要进行人脉链接，你就要懂得感恩。你有没有在逢年过节时向曾给你提供帮助的人表示感谢？你有没有在逢年过节时在你的社群里发红包？你有没有给你的人脉提供过帮助？

一个懂得感恩的人更容易让别人喜欢。你一定要常怀感恩，因为当你做好这一点时，你在你的圈子里会成为一个受大家欢迎的人，这样你就可以链接更多人脉。

从方向上来划分，人脉链接可以分为三种：向上链接、平行链接和向下链接。

1. 向上链接

向上链接就是认识更多优秀的人、接触更多优秀的人，以提升自己的认知水平。想要做好向上链接，你需要具备良好的沟通能力、高情商、缜密的逻辑思维能力等，这样才能吸引那些优秀的人和你交往。如果你是泛泛之辈，那么你很难接触到比你更优秀的人。

2. 平行链接

平行链接就是与和你处在同一个水平，或者和你拥有同一种身份的人链接，如你的同学、朋友、队友等。针对这些人，你要注意和他们进行情感链接和深入的沟通交流。

3. 向下链接

向下链接主要是指链接你的学员、粉丝等。对于这些群体，你一定要诚心诚意地提供帮助。

不要认为收了他们的钱，给他们提供了相应的价值就可以了。在如今这个服务经济时代，仅给客户提供他付出的金钱所对应的价值远远不够，因为客户要的不是等值，而是超值。

最近在运营品牌时，我一直在思考两个问题：我到底要推出什么样的产品？应如何定价？

在化妆品行业，很多产品的利润是成本的很多倍。我的一款产品的利润虽然不高，但我还是决定推出这款产品。因为这款产品是我想要做的一个爆品。我希望可以给客户提供超值的体验。

我希望大家明白，在向下链接的过程中，你要给对方一种超值的感觉。你让对方觉得超值，对方自然就会下单。

需要注意的是，你不要忽略任何一个向下链接圈层中的人。只要你能为他们提供帮助，他们中的一些人的人脉资源不比向上链接圈层中的人的人脉资源差。

你的朋友圈中可能有很多优秀的人，你可以创建一个表格，列出五个你想要向上链接的人；你身边可能有很多高收入、在你薄弱之处做得很不错的人，你可以向上和他们建立链接。

如何链接高能量的人呢？答案是付费。如果你想和高能量的人产生金钱的链接，你就需要支付一定的费用；如果你想和高能量的人产生深度链接，你就需要支付更多的费用。你可以根据自己的情况自由选择，从列出的五个人中选出两三个能够帮你"破圈"的关键人物。

对于关键人物，你需要向其多支付一些费用，不然对方为什么要帮你"破圈"呢？所有的人脉资源都是很宝贵的。你可以尝试先破小圈，再破中圈，最后破大圈。不要试图一开始就破大圈，那是很困难的。当你找到能够帮你"破圈"的两三个关键人物后，你要不断地给他们提供有价值的信息，把你所有的资源提供给他们，并在你的朋友圈中帮他们宣传。例如，你帮他们宣传他们的思想、书籍、课程等。对于有影响力的人，你更要这么做。此外，在逢年过节的时候，你还要给他们送上礼物。

要想提升自己的影响力，你就可以采取以上做法。关键是你要找到你想要向上链接的人，从而快速提升你的影响力。在你这样做的过程中，你会更加懂得如何进行人脉链接，也会更加懂得感恩。

需要注意的是，你要认真、谨慎地筛选你真正想要付费链接的人。这些人不需要太多，但需要具有高能量，能够帮助你"破圈"。在选好之后，你就要抓住一切机会和他们接触、表达自己的想法，并多给他们提供价值。例如，对方正在直播，你就可以观看他的直播，把他讲的重点内容记录下来，然后在他直播结束后将内容反馈给他，并以此为话题和他交流，从而给他留下很深的印象。你要相信，除非你选错了人，否则只要你真正去帮助他，如提供有价值的信息给他、把你的资源给他、帮他做宣传，那么他一定不会亏待你。

大部分"大佬"都有大格局，他们乐于助人，因为这样做也能扩大他们的影响力。对于"大佬"来说，帮助一个销售新手成为销售精英会让他们获得成就感，他们很享受这种感觉。

如果你的年收入是40万元，那么你就要尝试链接年收入是400万元的人；如果你的年收入是100万元，那么你就要尝试链接年收入是1000万元的人。总之，你要链接的人的年收入应是你的年收入的10倍。

无论做什么事情，实现从0到1的跨越都很困难，实现从1到

100虽然也有难度，但是相对来说，难度较小。因此，如果你的年收入是100万元，你将年收入为300万元的人作为链接对象就没有太大的意义。因为赚100万元和赚300万元的逻辑基本上是一样的，但是赚10万元和赚100万元的逻辑是不一样的，赚100万元和赚1000万元、2000万元的逻辑也是不一样的。

因此，如果你实在不知道该怎么确定链接对象，那么看对方的收入其实是一种很好的办法——这能够帮助你做出判断。

第 9 章

情商修炼：
突破创业路上的障碍

本章将揭示情商修炼的奥秘，帮助你突破创业道路上的障碍。在本章，你将探索祝福的力量，学习如何大方地接受别人的赞美。同时，你将了解语言的力量，学会如何运用它来影响他人，提升自己的人际交往能力，为事业取得成功铺平道路。

9.1 祝福的力量究竟有多大

我们可以思考一个问题：在节日时收到别人的祝福，心情是不是很好？

祝福有一种很神奇的力量，无论是我们给别人送祝福，还是别人给我们送祝福，在那一刻，我们都会觉得特别幸福。

在你悲伤不已、需要安慰时，祝福可以使你得到慰藉，抚平你内心的伤痛；在你情绪低落、自我怀疑时，祝福可以让你重拾信心、重整旗鼓。

下面我们就深入探索祝福的力量。

我有一辆 200 万元左右的橙红色汽车。有一次，我开着它去见一位客户，那位客户也是一位女士。在我们熟悉之后，她说："当我第一眼看到你从车里走出来时，我根本不信这辆车是你自己赚钱买的。我觉得要么是你家有钱，要么是你男朋友家有钱。"

我非常理解她的想法，因为社会上存在这种心理的人很多。他们看到年轻人开豪车往往不认为豪车是年轻人自己买的，有的人会想"开豪车有什么了不起，还不是花父母的钱"。你的身边可能也有这样的人，只要你赚到一些钱，他们就会对你冷嘲热讽，甚至说"赚了点钱有什么骄傲的，小心以后败光"。

你身边可能还有一些唯利是图的人，他们看到你赚钱了，就会围绕在你的身边溜须拍马，妄想从你这里哄骗一些钱。

前两种人都属于内心不平衡的人，往往有仇富心理，他们讨厌所有比自己有钱的人。第三种人往往包藏祸心，他们不希望别人比自己过得幸福。总之，这几种人都不会真挚地给别人送上祝福。

其实，我们没有必要过多地注意别人的生活，把自己的生活经营好才是最重要的。看到别人过得好，真诚地送上祝福又有何妨呢？例如，团队里有人报喜：哇，我又收了10000元！这时，你应该真诚地祝福他。

我经常对自己的团队成员说："我们看到伙伴出单了，要送去真诚的祝福。"一开始很多人会这样做，但后来说祝福语的人越来越少了。我便问其中一个成员："你为什么后来不在群里祝福出单的伙伴了呢？"

她说："雨思，我开始的时候祝福他们了，但是后来发现祝福别人出单并不能帮助自己出单，我还是没有成为有钱人。所以，我便不再祝福他们了。"

很多人就如同她一样，当发现祝福别人没有效果、自己不能获得正向反馈时，就不再祝福别人了，甚至觉得祝福别人这个行为很愚蠢。

我们要明白，祝福虽然不能帮我们成就伟业，但是祝福他人能够为我们增添助力、增加能量。

例如，别人出单了，你祝福他，他会很开心。他也许会因为你的祝福记住你，顺便拉你一把或点拨几句，那么你就会有所收获，甚至能够少走很多弯路。

我们应该祝福身边的每个人都事业有成，这样我们也能过得更好。

祝福和赞美一样，它是一种能量，送出去的祝福所产生的能量最终会回流到自己身上。因此，我们一定要在日常生活中多赞美别人、多祝福别人。

那么，我们应该怎样祝福别人呢？

我们可以从祝福身边的人开始，逐渐学会祝福他人。例如，在一些传统节日里，给自己的家人送一份礼物，和家人一起吃一顿团圆饭。我们千万不要觉得这样做很浪费时间，祝福可以让身边的人更加团结，如果不方便和家人聊天，那么发红包也可以。节假日给亲朋好友发红包也是一种祝福。

不过，我们要明白：祝福不是一桩生意。为什么很多人和客户之间无法进行深入的交流，无法产生深度链接？就是因为他们把祝福当成了一桩生意。例如，他给客户送了中秋礼物，但客户收到礼物后并没有复购他的产品。这时他就很在意，觉得这位客户不是他的忠实客户。

祝福要真诚、用心，当你做到真正用心祝福别人时，你会发现自己并不会因为祝福而损失什么，反而会有一些意外的收获。

祝福是在传递爱与温暖，拥有强大的力量。一个能够做到真心祝福别人的人，也能够获得别人的祝福，而他的命运也许会因此发生改变。

9.2 大方接受别人的赞美

前几天，我发红包鼓励我的一位私教学员。他给我回复了一句"雨思客气",却没有收我的红包。这让我想到了自己的一段经历。

我刚开始做微商时赚了一些钱,一些亲戚见到我爸妈就会说:"哎呀,你们的女儿太厉害了!"我爸妈便笑着说:"没有没有,就是运气好,哪里厉害了。"

后来,我带团队,当有人给我发很长的文字夸我优秀时,我也会说:"哎呀,没有啦。"或者说:"你说得我都不好意思了。"直到有一天,我夸一个人,她回复我:"雨思,我哪有那么好。"那一刻,我的心里很不舒服。因为在我看来,我赞美了你,你却说自己没那么好,这对我而言其实是一种拒绝与否定:拒绝我对你的赞美,否定我对你的赞美。

我们从小就被教育做人要谦虚。于是,别人赞美我们,我们下意识地就会说:"没有啦,没有啦,运气好而已。"我们通过这样的语言来表现自己的谦虚。如果别人对我们说"你好厉害",我们附和着说"对,我很厉害",就会让别人觉得我们自以为是。

然而,我们忽略了,当我们拒绝别人的赞美时,不仅否定了我们自己,还否定了对方:我们否定了对方的眼光,否定了对方的热情。我们的否定不但伤害了自己,而且伤害了赞美我们的人。

我们为什么不给对方一个机会,让他把为什么要赞美我们表达出来呢?

我也是在经历了那件事之后才明白,原来我们所谓的"谦虚"和"低调"会伤害别人。也是从那时,我开始虚心接受别人对我的夸奖。

当直播间有人说"雨思,你好美,你好有气质"时,我再也不会说"哎呀,没有啦""哎呀,哪有啊"这样的话,而是回复"谢谢你"。我们不要拒绝别人的赞美,在得到赞美后大方地向对方说一声"谢谢"即可。

当我们赞美别人时,如果对方很不好意思地推辞,我们可以说:"亲爱的,你要接受我的赞美,因为我觉得你很优秀。如果你觉得不好意思,只需要对我说一句'谢谢'就可以了。"

我们要摆脱骨子里的谦虚,或者说不自信,大方地接受别人的赞美,汲取前行的精神力量。同时,我们要积极地用这种心态影响他人,帮助他人坦然地接受赞美。

通过以上内容,我相信你已经了解接受赞美的技巧了。很多人都不擅长接受赞美,在听到别人的赞美时会不好意思。例如,别人夸你:"你今天真好看。"你说:"没有没有,早上都没洗头。"这会让双方都非常尴尬。

其实,大方地说"谢谢,你真好"就可以了。不过,还有更高明的接受赞美的方式。例如,有人赞美一个姑娘:"你今天真好看。"她回复:"谢谢你!很高兴你发现了这一点。"

这样的话有一个特点,即结尾是开放性的,"谢谢你,很高兴你发现了这一点"意味着被夸的人愿意继续和夸人的人对话。

沟通是一场无限游戏,接受赞美的一个实用技巧就是让对话继续下去。因此,保留一个开放性的结尾是一种高明的接受赞美的方式。

9.3　语言的力量的确不可思议

我们说出的每句话都是有能量的，只不过有正能量和负能量之分。说话的方式、方法不仅体现了一个人的修养，还体现了一个人的情商。

接下来我将展示一些常用的高情商沟通技巧，为你与他人能融洽地交流助力。

1. 用"谢谢你"代替"谢谢"

"谢谢你"与"谢谢"虽然只有一字之差，效果却大有不同。我们可以仔细感受一下。

"谢谢你，××！"这种感谢方式有特指的对象，听起来特别真诚和用心，被感谢的人会感觉很温暖。

2. 不要总是以"我"为主语进行表述

在和别人交流时，我们不要一味地表达自己的想法，也不要一味地介绍产品，表达中要少用第一人称"我"，可以多把话题抛给对方。例如，当你表达了自己的看法后，你可以问对方一句"你觉得呢""你怎么看""你呢"。这时对方就能自然地接过话题，表达他的看法，你们就能顺利地交谈下去了。

3. 不要打击别人，也不要揭人的伤疤

人在愤怒时往往口不择言，有时会为了一时痛快就在对方的心口"插刀子"。而且，越熟悉的人越能找到对方的软肋；关系越亲

密的人,说出的话越伤人。

说出的话收不回来,对别人造成的伤害很难弥补。我们应该从现在开始训练自己的克制力,明白哪些话可以说,哪些话不可以说,哪些话说出后会伤害别人。这样我们才能控制自己的语言,避免因口不择言而伤害别人。

4. 不要把坏脾气留给亲近的人

我们往往对上司、客户、同事及陌生人有耐心,而忽略了和自己亲近的人。

我们不能依仗着对方爱我们、对我们宽容就随便对待他们。如果我们把对待客户的耐心分给家人一些,我们的家庭就会变得更加和谐、幸福。

我们总是理所当然地认为,不论我们的脾气多么糟糕,说出的话多么伤人,亲近的人最终都会原谅我们。可我们却忽略了他们的感受。面对我们糟糕的脾气、不耐烦的语气、伤人的话语、潇洒的背影,他们是不是也会感到难过?我们要在伤人的话语说出口之前停下来,多给亲近的人一些耐心和关爱,别一直忽略他们,甚至伤害他们。

5. 话不必言尽,事不必说破

这句话很好理解,就是"看破不说破",给别人留面子。

例如,你参加朋友聚会,发现一个人在吹牛。这时你不要当面拆穿他,而要假装不知道,即便有人点破了他,你也要帮他打圆场。这是为什么呢?俗话说,做人留一线,日后好相见。

有时候，假装自己笨一点也是一种智慧。

6. 重视那些少数人

你应该有过这样的经历：一群人在一起聊天，你却无法融入他们。

回想一下，你那个时候难受吗？

如果在那样的情况下有人过来和你交谈，你会对他有好感吗？

学会顾及少数人的感受能够快速赢得对方的好感。

当然，重视那些少数人还有一种方式。例如，少谈论一些只有几个人了解的事情，多谈论一些大家都能参与的事情。

当大家在讨论一些小众话题时，你可以说："哎呀，不说这些了，咱们聊点别的。你们看到那个新闻了没……"这样，那些之前没有一起聊天的人便会感受到你的善意。

7. 不要把聊天当作辩论赛

聊天不是辩论赛，没必要和别人争论不休。如果每轮对话你都想赢，那么你最后有可能变成"孤家寡人"。

争强好胜可以用在工作上及与客户的谈判中，但对待身边的人，你要学会适当让步。小孩子才会有"我必须赢"的想法，高情商的成年人都会适当让步。

你在工作的时候应该强势，但在日常生活中要柔和。

8. 把"你懂了吗"改成"我说清楚了吗"

你在沟通中要把对方的问题转换成自己的问题。

例如，在向客户解释了什么是皮肤屏障后，你要确认对方的理解程度。这时很多人会说："你明白我的意思了吗？"但是，这句话有一种指责和暗示对方不聪明的意思。

这样的表述还传达了这样的意思：如果你没有听明白，我可以再重复一次。然而，即便客户没有听明白，也不好意思再让你说一遍。

沟通不畅很可能导致后续产生一系列的麻烦。而把"你懂了吗"改成"我说清楚了吗"，就把沟通的责任揽到了自己身上，对方就不会产生很大的压力。这时，对方有不明白的地方便会及时向你反馈，双方的沟通也能顺利进行。

9. 试着委婉地拒绝别人

没有人喜欢被拒绝，因此，在拒绝别人时，语言一定要委婉。

例如，有人找你借钱，不管你是否有能力帮助对方，只要你不想借，就可以这样说："作为多年的好朋友，你遇到困难，我本该义不容辞。可是，我最近手头不宽裕，前几天刚进了一批货，钱花得七七八八，实在是帮不上你的忙。我心里特别难受……实在是太不巧了，你要是早说几天就好了……"

如果是你找别人借钱，当你听了上面的话，你还好意思继续借吗？

用委婉的方式拒绝别人，既达到了自己拒绝别人的目的，又不会过于生硬、伤害彼此之间的感情。

10. 要学会救场

聊天时出现冷场是很正常的现象，要想赢得他人的好感，就要学会救场。

当与别人聊天时忽然出现冷场，你不必执着于自己的话题，可以换一个对方喜欢的话题。例如，你知道对方家里养了一条狗，可以请教他："我几年前也养过一条小狗，当时训练它上厕所怎么都成功不了，后来只能送人了。你是怎样训练小狗如厕的？"我得向你请教一下。面对你放低姿态的诚挚请教，对方会认真回复："定时喂食，定时出门如厕，坚持下去……其实一点都不难，你要有机会再养狗，一定可以成功。"

救场其实并不难，在实际谈话中，你可以使用以上技巧在冷场时尝试救场。

11. 永远保持你的神秘感

假设你一天只和一个人聊天，那么你对这个人花费的精力是100%；假设你一天和10个人聊天，那么你的精力平均分配到每个人身上就是10%。

很多人觉得，只要和一个人持续聊天，就能获得想要的结果。其实，这样的想法不正确，因为你会给对方这样一种错觉——你可能只有他一位客户。换句话说，你在对方眼中失去了神秘感，对方将不再被你吸引，也不再重视你。

我曾经看过一篇文章，里面提到这样一个短语：可得性感受。这个短语是指，在一段关系建立之初，一方过于热烈、积极就容易让另一方觉得容易得手，另一方反而对其提不起兴趣。

相反，欲擒故纵、推拉式的社交手段会让对方感觉充满挑战，从而激起对方强烈的参与欲和征服欲。

很多人都喜欢探索未知领域，因此你要懂得适当为自己营造神秘感，引导对方主动去猜测和揣摩。

12. 询问别人要有礼貌

有个人每个月都会问我问题，但是我回复后他就不说话了，也从不给我发红包。虽然我并不是真的在意红包的价值。我想说明的是，询问别人问题时一定要懂得基本的礼仪，如发一个红包再问。

只要别人帮助了我们，即便别人只说了一句话，我们也要对这句话有所表示。

以上就是高情商说话的技巧，也是拓宽交际圈的秘诀，希望大家将其记在心间，用于实际生活中。

9.4　为什么你总是间歇性地缺失能量

为什么我的状态和我的能量变得越来越好？

在进行具体讲解之前，我要向大家明确一点：我不是一个专业的商业顾问，更不是一个专业的老师，我讲出来的所有内容都源于我经历过的、可能你们此刻正在经历的事情。我是一个不走寻常路的人，我喜欢质疑规则、打破规则。

可能正因为我这样的性格，所以我走的很多路和别人不太一样。我希望你能明白一个道理：不管你当下是一个什么样的状态，请相信你内心一直有一股强大的能量，只是你没有发现而已，或者说你从来都没有将它激发出来过。你要学会激发、唤醒那股能量，并学会驾驭它。

我总结了三个会导致你间接性地缺失能量的原因。

第一个原因，把所有的精力都放在一件事情上。比如，一天24个小时，除了睡觉的时间，你可能从醒来到睡前一直都在玩手机。

为什么我认为这是第一个原因？因为我也曾这样。我们专一地做一件事情，把所有的精力都投入一件事情在一开始是没有问题的，但是可能会越做越不快乐。

我有一个学员，她非常优秀，有一次她对我说："雨思，我这段时间特别不快乐，以前我刚开始做私域没多久，还不是特别有钱的时候，我到处旅游。做微商三年，越做越好、越做越大，在上个礼拜跟我老公出去玩的时候，我竟然不想玩，因为我觉得玩这件事情太浪费我的时间了。"

很多人都是这样的，把所有的时间都用在赚钱上，赚了很多钱反而不快乐了。

还有很多人把精力全部放在感情上。我刚开始做微商时只有19岁，团队成员几乎都是大学生。其中很多一门心思扑在爱情上的人，特别在乎双方之间的关系。

如果你把所有精力都用在照顾孩子上，每天送他上学、接他放学，负责他的饮食起居，而他期末考试却不及格，你会是什么感觉？

你可以想一下为什么有时候你的能量状态不好。可能因为你发朋友圈发了两个月，但是一单都没开；也可能因为你对你团队的代理特别好，给他们送各种东西、经常给他们培训，结果半年之后，他们一单都没有卖出，还让你退钱，要退出你的团队。在这些情况下，你是什么感觉？你的状态一定不好。

这就是不要把你所有的精力都放在一件事情上的原因。我们会习惯性地计较自己的付出，如果得不到相应的回报，就会难过，这是人之常情。

很多人主业和副业一起做，除非他们的副业做得很好，否则我强烈建议他们不要轻易辞职。

大多数人会高估自己的自律性。为什么一个人能够朝九晚五地连续上10年、20年班？因为有公司的规定约束他。为什么很多人自己创业时就要睡到中午12点才起床？因为没有人约束他。所以，我们千万不要随便建议别人全职来开展副业。

作为一个品牌方，我各方面的能力都还不错，但是我依旧不会把所有的精力都放在品牌运营上。在主业之外，我必须做一些别的能够让我的能量得到补充的事情。

很多人为什么同时开展主业和副业？因为主业是上班打工，偶尔还会被老板批评，会影响自己的心情，但是开展副业能让他们进入一个新的圈子。例如，进入我的团队，一群志同道合的人每天在晨会上相互传递正能量。这样他们就能获得能量，很快就将状态调整过来了。

如果你没有释放精力的第二个、第三个出口，你的能量如何得到补充？你现在可以思考一下，目前你除了主业，还有没有一个帮你快速补充能量的圈子？

第二个原因，你对自己一无所知。

很多人的情绪、内心的想法，取决于外界对他的评价和反馈。在日常生活中，可能很多人都被别人说教过。例如，别人告诉你应该做什么、不应该做什么，但是从来没有人告诉你要听从自己内心的声音。

之前有一位做品牌策划的朋友对我说："雨思，你要注意一下你朋友圈的节奏，我看你最近的节奏有点乱，你可以集中一下。"我回复"嗯嗯"，但是我依旧按照自己的想法发朋友圈。

因为我一直都是按照自己的方式进行品牌运营的，我不认为别人告诉我的就一定是正确的，而更倾向于听从自己内心的声音和保持自己的节奏。

很多人在做微商之后发了一些朋友圈。有人对他说"你最近怎么总刷屏，打那么多广告"，于是他就开始怀疑是自己的问题了。

有人曾对我说："雨思，我不知道你是卖什么的，你的朋友圈我看不懂。"很多人在听到这样的话后可能会想："看来我在朋友圈发产品太少了，我应该多发一些和产品有关的内容。"

而我的想法是，我的朋友圈的作用本来也不是销售产品，而是打造个人品牌、展现我的个人魅力，所以看不懂我到底在卖什么产品是正常的。

一个有自己的想法、知道自己在做什么和知道自己要什么的人，他的能量不会忽高忽低，因为他对自己的选择很笃定。

在我创立自己的品牌时，一位朋友直接对我说"你的品牌活不过半年"，因为她觉得我的门槛太低了。我没有反驳她，但是我内心的想法是"路怎么走、走多远由我自己决定"。

我经常自我反思，我从来不会因为别人对我的评价、建议而自我怀疑。

我希望你知道自己想做什么，那么，当别人告诉你应该怎么做时，只要不存在利益冲突，你就不必去反驳，只要你在心里坚定自己的选择。

第三个原因，无法接受自己的低能。

为什么现在很多人都不快乐，没有高能量？因为很多人在过分强调"要快乐"。

当你不快乐时，你身边的人对你说："你怎么能不快乐呢？这个世界那么美好，你要快乐起来。"有的人为了从众，为了融入圈子，就假装自己是快乐的。这样的人无法真实地面对自己，也无法真实地表达自己。

事实上，世界上没有哪个人能一直快乐。不快乐、有负面情绪才是正常的。所有的情绪都是有价值的，你要学会接纳自己的负面情绪和低能。

我长期带团队，要带领很多人向前冲，曾经有很长一段时间我坚决不允许自己有负面情绪。我总会想：如果我有负面情绪，那么我的团队成员怎么办？这导致我那段时间极不快乐，但是我并没有发觉自己不快乐。

我和一部分人分享过我的那段经历。2020年年底，我的状态极不好，但是没有人能通过我的朋友圈看出来，也没有人能从和我的聊天中看出来。这是我作为一个专业微商的素养，但是我的确不快乐，因为我把自己"绑"得太紧了。

我知道没有人能够拯救我，我只有自救。于是我就外出学习，和很多朋友见面。在一次课上，老师让我们进行15分钟的冥想。全场只有我一个人无法安静下来，我在3分钟左右时就睁开了眼睛。之后，我看着老师，用唇语对老师说"好烦躁啊"，但老师只是静静地看着我。

后来，我强迫自己闭上眼睛，整个人不自觉地向下弯曲。15分钟后，我看到老师哭了。当所有人都走了之后，我对老师说："我刚才在冥想的过程中很烦躁，身上有点不舒服，胸偏上一点位置特别疼，肩膀也很疼。"老师对我说："雨思，你知道我刚才为什么哭吗？我刚才是因为你而哭，可能你自己都没有发现你在冥想的过程中整个人是蜷缩起来的。"

老师看到我的状态，觉得特别心疼，她当时想："这个小姑娘到底经历了什么，让她在15分钟的冥想中变成这样？"我笑着说："没什么，可能累了，可能一直举着手机的缘故。"

我又问老师："为什么我这个位置疼呢？"老师对我说："你要注意一下你的亲密关系。"我第一反应是和我老公的关系。但是老师说："亲密关系不只是跟老公之间，跟你所有亲近的人，包括跟你的孩子、你的其他家人都属于亲密关系。这不一定意味着你跟他们关系不好，而是说你可能有事情瞒着他们。"我说："没有。"

之后，老师开始和我进行深入的交流："你是不是一个报喜不报忧的人？"

我沉默了。

"你是不是有很多事情不跟你的老公讲，不跟你身边的其他人讲？"

在听到老师讲这些话的时候，我忍不住哭了，我说："我这些年虽然赚钱了,有很风光的时候,但是我其实是扛了很多东西的。我不会跟我的家人说我肩上的担子有多重,我一直是这样的状态。"

她说:"这就对了。"

其实,在我说出来的那一刻,我就感觉彻底通畅了。

我为什么在 2021 年选择做知识付费?因为我想明白了我可以不用扛那么多。我为什么不能从原来的团队里脱离出来去做我自己想做的事情?

我们要允许自己是软弱的、是自私的,我们可以伤心、难过,可以偶尔偷懒、摆烂。例如,你是一个团队长,可能你的团队、你的品牌已经到了几乎无药可救的阶段了,那么你不妨后退一步,允许自己逃离,而不是硬撑着。

学会接受自己的负面情绪,有助于你快速地补充能量。如果你做不到接受自己的负面情绪,必然会积压在你的心里,而且会越积越多,最终很难排解。

我经常对我的团队成员说:"周末就不要忙着用手机处理工作了,除非有活动,因为周末是你补充能量的一个很重要的时机。"如今,我允许自己做不到很多事情,这样反而让我变得越来越好。我能够感受到我内在的能量越来越强。

下面我要分享三件你在日常生活中可以做到的、能够补充能量的事情。这些事情的核心是一个字:戒。

第一件事情:一定要学会扔东西。我每次收拾房间都会扔掉不用的东西,感觉很爽。

第二件事情:减少社交。我现在的社交越来越少,能不出去就不出去,因为绝大多数的社交,尤其是那种七嘴八舌聊八卦的,只会拉低你的能量值。

第三件事情：退出便宜课程的社群。你可能花费 9.9 元购买了课程，但你在看了一个星期后就很少点进去看了。这种课程的社群中的聊天内容有意义还好，如果没有意义，就是浪费你的时间、消耗你的能量了。

希望大家记住一句话：真正的高手都是能量管理的高手。希望大家可以积极采取一些方法，使自己成为一个能量管理的高手。

第 10 章
自我提升：
你必须懂得个人管理

　　本章将指导你进行个人管理，提升自我价值，并强调个人形象的重要性。通过学习本章分享的这些技巧和策略，你能够更好地管理自己的生活和工作，为事业发展打下坚实的基础，成为更优秀的自己。

第 10 章 自我提升：你必须懂得个人管理 177

10.1 你的个人形象价值不菲

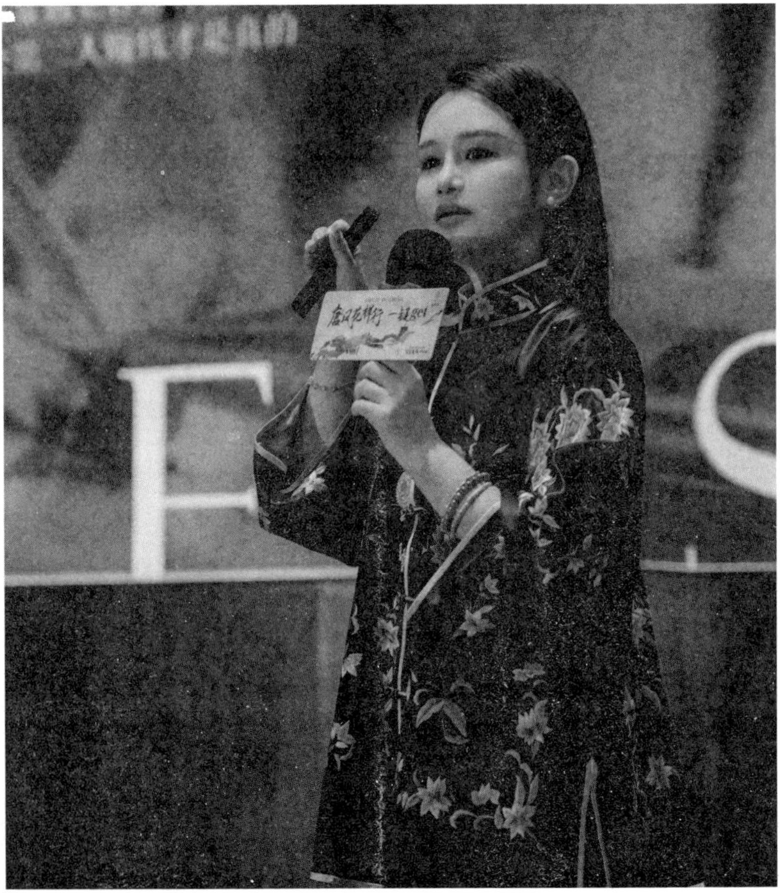

看到这些照片，你觉得我是一个怎样的人？

我经常在朋友圈分享我的自拍，很多人被我的形象圈粉。实际上，不论是婚恋、求职，还是打造个人品牌，个人形象都非常重要。

如何打造个人品牌？个人形象是打造个人品牌的一个非常重要的因素。一个人的外表给别人的整体感觉在个人品牌中占据着很重要的一部分。因此，我们要特别关注自己的个人形象。

第一，先成为，后作为。

先成为自己想要的样子，然后把它变成现实。换句话说，就是你想做职业女性，那么你的穿着就要符合职业女性的身份。

别人没有那么多时间分辨你是做什么工作的，因此，在工作场合，你的穿衣打扮要符合你的职业特点。如果你从事的工作对穿着没有要求，那么穿什么取决于你想打造什么样的个人形象，如知性、性感、职业、可爱。穿着和人设一样，一定要是自己喜欢的风格，这样才能坚持下去。

如果你的穿着很有品位，就会给人留下良好的印象。你的心理也会逐渐发生变化，变得更加自信。自信的人，更容易获得别人的认可，也更容易获得更多的资源。

第二，一个人的穿着就是他的个人形象。

我们一定要明白，个人形象是给别人留下的第一印象。因此，要么不出门，出门就要精心打扮自己；要么不拍照，拍照就要注意个人形象。人是视觉动物，喜欢美好的人和物。打造自己良好的个人形象是打造个人品牌的开始。

一位学员曾对我说："雨思，我看某知名主播每次穿得都很随意，我也喜欢这种自由的穿着，很舒服。"

这位学员忽略了两点：一，该知名主播是男的；二，他已经成功了，已经进入不依靠自己的形象吸引受众的阶段了。

你有他这样的影响力吗？如果你没有任何影响力，那么个人形象对你而言还是非常重要的。在成功之前，我们要稍微高调一点；在成功之后，我们才有资格低调一点。

第三，良好的个人形象能够节约沟通成本。

实际上，大部分人都很忙，可能没有那么多时间关注我们。因此，我们可以借助外表将自己的职业、喜好等展现出来，这样可以节约双方的沟通成本。

我们的个人形象就是独特的名片，没有人会和我们长得一模一样，每个人都是独一无二的。良好的个人形象可以让我们得到别人的尊重，也会在职场中为我们加分。

那么，我们应该如何快速提升自己的个人形象呢？接下来我从三个方面进行讲解。

第一，头像。

很多人的微信头像与自己的个人定位、个人形象都不契合。我们应该去专业的照相馆拍一张漂亮的头像照。过去，人与人更多地在线下见面，对方通过穿着打扮来评估一个人；如今的互联网时代与过去不一样，大部分人通过一个人的头像对这个人产生第一印象。头像就是我们的门面。

我选头像遵循这样的标准：微笑，背景不能是深色的，不能把手抱在胸前——因为这样显得不友好。我的头像一直都是亲切、温和、大气、简单的。

你可以评估自己的头像能否给别人带来这种感觉，能否让别人看出你是做什么的。随便设置的微信头像无法让别人快速对我们有深入的了解。那么，别人对我们的印象自然不深。

第二，穿着。

我们应找到适合自己的穿衣风格。这可能需要我们花时间和精力慢慢探索。

（1）我们要根据自己的胖瘦和身高等挑选合适的衣服。例如，我不会购买那种超过膝盖的风衣和裙子，因为那样会暴露我的身高缺陷。

（2）选择合适的服装进行搭配。如果我们不懂搭配，就尽量买套装。如果衣服搭配不合适，上身效果就不会好。如果我们不想穿衣"踩雷"，就尽量购买套装，避免自己搭配。我给大家一些建议：去服装店购买衣服时，我们可以让老板帮我们搭配；在网上购买衣服，我们可以搜索"套装"。

我们不要看到"网红"穿什么衣服就买什么衣服。那些"网红"穿起来好看的衣服，可能并不适合我们。在不太会搭配衣服颜色时，我们可以尝试不会出错的色系，尽量不去挑战亮色系的衣服。此外，我们的穿着风格要尽量保持统一，这样更容易让别人记住。

第三，发型。

发型很重要，有的人换一个发型就好像换了一个人。我们可以找一位优秀的发型师给我们设计一款适合自己的发型，以显得我们知性又干练。我建议，刘海不要太厚重，那样会显得没有精神，可以适当露出额头，以给人一种干练、大气的感觉。

当明确了适合自己的发型后，我们最好经常保持这样的发型。我已经保持短发五年了。一些女性想不时地更换自己的发型，这当然可以。但是，我们在互联网上宣传自己时，一定要保持一个相对稳定的形象。

要想提升自己的气质、打造自己的个人品牌，我们可以从重视个人形象开始，比如从头像、穿着、发型开始做出改变。

10.2 高效地进行知识管理

我们几乎每天都在接收新知识，但是大部分新知识都无法得到合理运用。为什么呢？根本原因就在于虽然我们学了很多知识，但是并不懂怎样进行知识管理。试想一下，我们不会管理知识，又怎么会运用知识呢？知识无法得到合理运用，又怎么会变现呢？

接下来我便讲解一些管理知识的方法。

1. 学会区分各种知识

我们每天会获取许多知识，对于哪些是重要的，哪些是次要的，哪些是不重要的，我们都要明白。这样我们才可以筛掉无用的知识，把时间和精力用于处理重要的知识上。

例如，在社群管理上，对于那些重要的社群，我们可以将其置顶并多给予关注；对于那些没有那么重要的社群，我们可以将其设置为"消息免打扰"，空闲时进群浏览一下消息即可；对于那些即使不存在对我们也没有影响的社群，我们可以直接退出。

我们管理知识也应如此，先将其分出重要等级，然后投入不同的时间和精力。这样，我们对知识的吸纳效果才会更好。

2. 整理学到的各种知识

无论学到了什么知识，我们都要及时整理。需要注意的是，重点是"及时"。例如，你在看完我的文章后及时去整理，而不是看完觉得挺有用，然后就去做别的事情了。这样，当你需要运用这些知识时，你已经没有任何记忆了，或者你已经想不起来看文章后的感触和收获了。

灵感往往只在一瞬间出现，因此，你在学完一些知识之后，即便头脑中只有几句话，也要立刻整理出来，并给出一个标题将其存入文档。这样，我们将来运用时会很方便。

我以前是一个不爱整理的人，因为我觉得自己不需要整理那些东西，无论你问我什么问题，我都可以马上告诉你。但是，自从开始运营社群，为了方便学员学习，每次讲完课之后我都会整理课堂笔记。

后来，我渐渐养成了这个习惯，发现将学到的知识立刻整理出来还是很有必要的，因为这样以后用到的时候真的方便了很多。

3. 做好兴趣分类

我们将每天学到的知识整理好就抛到脑后也是不行的。我们还要学会分类。

例如，社群类知识，我们可以将其放在"社群类文件夹"中；视频类信息，我们可以将其放在"视频类文件夹"中；直播类知识，我们可以将其放在"直播类文件夹"中；文案类知识，我们可以将其放在"文案类文件夹"中；团队管理类知识，我们可以将其放在"团队管理类文件夹"中……我们要将整理好的知识放到对应的文件夹中，这样在后续调用时就不会像大海捞针一样寻找了。

4. 不仅要学会吸收，而且要学会输出

对于每天学到的知识，你能否找到输出端口？

"樊登读书"创始人樊登著有一本书——《读懂一本书：樊登读书法》，里面提到他曾被邀请去给一些公司高层讲两天的课，为此，他特意购买了三本与讲课内容有关的书籍，并结合自己的亲身经历，凝结成为期两天的课程。

这本书的开头非常耐人寻味：那段时间在生活上受房贷压力困扰……我心想，读书也许会改变我的未来。

为了讲好两天的课程，他不得不强迫自己学习、整合新的知识。因为只有吸纳足够的知识，才能进行精彩的输出。

"分享即学习"是网络上非常流行的一句话，体现了一种开放的精神。这句话在互联网圈子中很受欢迎。

实际上，"分享即学习"和"输出倒逼输入"有着一样的底层逻辑。我们所掌握的知识通常不够系统，甚至是比较散乱的。如果我们想将自己所掌握的知识分享出去，就必须进行系统性的思考、整合，查找大量的资料来确保表达或写作具有逻辑性，并在搜索资料的过程中将所掌握的知识进行升华。

如果我们带团队，那么我们需要把自己掌握的知识分享给自己的团队成员。在传授知识的过程中，我们会与团队成员进行交流和学习，这样我们自己也会增长不少见识。

最终，我们既传播了知识、成就了他人，自己的知识也获得了增长。这不是一件双赢的事情吗？因此，我们一定要想办法把自己的知识进行输出。

5. 将社群分类

在将社群进行分类之前，我们要学会使用微信置顶功能和聊天屏蔽功能。

某个社群对我们很重要，但是我们又不想被打扰，怎么办？那就屏蔽它，等我们有时间时再"爬楼"。

如果某个社群很重要，我们需要时刻关注它，怎么办？那就将它置顶。例如，近期你特别想创业，那么你就把讲授创业知识的社群置顶；近期你想学PS，那么你就把教授PS的社群置顶。

如今，很多人都推崇知识付费，我从事的行业也有与知识付费相关的产品，但是我并不认同大肆购买知识付费产品。为什么呢？因为很多时候，很多人是为了学而学，学到的知识并不能给自己的工作和生活带来帮助。

我认为，学习知识应该有目标导向，需要什么就学什么，这样才不会浪费时间和金钱。毫无目的地学习，很难取得理想的学习效果。因此，我们在购买知识付费产品时，应该先找到能让自己成长的兴趣点。在找到兴趣点之后再去学习，学习效果会有明显的提升。

我想向大家分享的管理知识的方法已经全部分享完毕，希望大家能够灵活地运用，从而管理好自己掌握的知识，为自己的工作增添助力。

10.3 做好时间管理，告别焦虑

当今社会，生活节奏越来越快，很多人都感觉时间紧迫。在这样的大背景下，每个人都需要掌握一门技能——时间管理。

下面我将分享我的时间管理心得，希望对大家有所启发。

1. 时间分配

做好时间管理重要的一点是合理地进行时间分配。能够做好时间管理的人往往非常自律。这些人会把自己的时间规划好，严格按照时间表来安排一天的行程。

例如，我每天睡觉前会想好第二天要做的事情，并将其记在备忘录里。如果第二天事情很多，我就会设置好具体做每件事情的时间。如果在计划时间内完成某件事情，我就会继续做下一件事情；即使在计划时间内完不成某件事情，我也会将其暂时搁置，去做下一件事情。

这样做可以保证我后面要做的比较重要的事情不受影响。大家可以借鉴这个方法，在每天睡觉前将第二天要做的事情列出来，做好时间分配。

2. 一定要早起

我曾经连续几年都是上午 11 点起床，已经临近中午了，后来才逐渐习惯在上午 9 点起床。如今，我基本上每天都是 7 点左右起床。我发现早起会使我的工作效率大幅提高。

在上午 7 点至 9 点的两个小时里，我基本不看手机，我会写文案、写课件、看书，有时候也会发呆。在这段时间，我的精神状态非常好，做起事情来能全身心地投入，因此工作效率非常高。

如果我每天上午 9 点起床，那么我一天的做事时间就会比 7 点起床的人的做事时间少两个小时，一个月就会大约少 60 个小时，一年就会大约少 720 个小时。720 个小时，相当于 30 天，这相当于一年比别人少了一个月的做事时间。

因此，要做好时间管理，我们就一定要早起。

我们可以关注一下自己每天是几点起床的，并思考能否将起床时间往前调一个小时。

需要注意的是，早起的目的是做一些有意义的事情，因此我们早起的同时要保证自己处于清醒的状态。我在最初尝试早起时，只要闹钟一响，我就醒了。然而，醒了没一会儿我就又睡着了。当我再睁开眼睛时，已经 11 点了。因此，我建议大家一开始多设置几个闹钟，这样有助于我们尽快进入清醒的状态。

对于时间管理，我们不需要过分严苛，但是必须在规定的时间内完成计划好的任务。

3. 专注当下的工作

怎样提高办事效率？答案只有一个：专注当下的工作。

例如，你是一个上班族，坐在办公室整理公司的文件。如果你工作时心不在焉，一会儿思考下班了去哪里玩，一会儿想自己购买的基金是涨了还是跌了，一会儿又想副业的朋友圈还没发，那么你的办事效率肯定不会高。

为什么有的人焦虑？因为他们无法专注地做一件事情。很多人总是做着这件事情，心里惦记着另一件事情。例如，很多妈妈一边陪孩子，一边惦记着自己的副业。她们总想把孩子哄睡之后去忙别的事情，可孩子迟迟不睡觉。她们就想："朋友圈还没有发，团队消息还没回，怎么办？"她们便会觉得自己什么都做不好，于是陷入焦虑之中。

其实，在孩子睡着后，妈妈最少有半个小时的空闲时间，利用好这半个小时的时间去发朋友圈、统一回复消息就够了。

在专注做一件事情时，我们的效率会很高。因此，我们要专注当下的工作，这样才能提高效率。

4. 遵从自己的内心

这很容易理解，简单来说，就是想做什么就做什么。例如，你想看一会儿电视，那就去看电视，但是要给自己定一个期限，如把某个新出的综艺看完之后就不看了。

总之，想做什么就去做，千万不要强行压制自己的想法，否则办事效率会大受影响。这是因为你在做事情时，脑子里总想着那件事，根本无法专注于当下的事情。例如，你现在很困，那就去睡半个小时，半个小时之后便可以精神饱满地进行工作了。如果你强撑着不睡，那么你的工作进度会非常缓慢，工作质量也不会高。

总之，不要把时间管理想得那么复杂，时间是由我们自己支配的，我们把自己管好就可以了。

5. 将重要的事情放在第一位

每个人的时间都是有限的，因此我们应想尽一切办法去完成重要的事情。重要的事情指什么？重要的事情就是我们认为有价值，并且对我们实现最高目标具有推动作用的事情。

"要事第一"是一个非常重要的时间管理原则。人类和动物的一大不同之处在于，人类懂得权衡事情的轻重缓急，会优先完成重要的事情。事实上，我们的生活中只有少量非常重要且亟须解决的事情。我们应该重点关注重要且紧急的事情，以维持效益和效率之间的平衡。

"有效管理"就是将优先级较高的事情优先处理。在明确什么是重要的事情后,我们就要始终把它放在前面,而不被感觉、情绪所影响。

大道至简,时间管理也是如此。其实,做好时间管理,我们需要的并不是复杂的方法、技巧和工具,而是认清自己的内心。

明白自己想要什么,并义无反顾地朝着自己的目标前行,同时专注地享受当下的工作与生活,我们就能告别焦虑,与时间为友,享受美满而幸福的人生。

第 11 章
吸引力法则：
培养心想事成的能力

本章将带你了解吸引力法则，以帮助你培养心想事成的能力，并探讨为什么你的创业不能如愿、如何避免对自己进行负面评价，以及快速提升能量的四大心法等。通过学习这些内容，你能够增强自己的吸引力，向成功迈进。

11.1 为什么你的创业不能如愿

前几天我看了一篇文章,这篇文章传达了这样一种观点:所有正面的想法并不一定能为你带来正面的结果,也有可能为你带来负面的结果。

在刚看到这句话时,我不是特别理解其中的意思。

这是因为这句话传达的意思与我平常信奉的吸引力法则背道而驰。吸引力法则又叫吸引定律,意思是当思想为某事或某物而集中时,与这件事或这个物品相关的人、事、物就会被吸引到一起。

这个法则特别符合人们心想事成的美好愿望。于是,人们愿意相信它,也因此对未来充满了无限希望。

然而,我们仔细想一想,为什么大多数时候我们不能心想事成呢?

随着我不断学习这方面的知识,以及和别人探讨这方面的话题,我渐渐发现正面的想法不一定能够带来正面的结果。

接下来我将以我个人为例进行讲述。在我创业的前七年,我没有聘请助理,一直坚持自己的事情自己做。

因为我的父母从小便教育我"自己的事情自己做,不要总是麻烦别人"。父母的这种教育使我养成了自己的事情自己做的好习惯,我成了一名非常独立的女性。但是,这种习惯也让我在不知不觉间承受了很大的压力。例如,由于我习惯了自己的事情自己做,习惯了一有问题就自己往前冲,习惯了独自找寻解决问题的方法,因此我经常忙得连吃饭的时间都没有。

"自己的事情自己做"这句话听起来很有道理,却不能每次都给我带来理想的结果。于是,我开始转变自己的思维,尝试给团队成员分配任务,招聘助理帮我做事情。当我这样做之后,我发现团队的工作做得更好了,团队的凝聚力更强了,我也终于有时间放松和休息了。而且,由于我能够给别人提供锻炼和成长的机会,因此吸引了很多人加入我的团队,我也获得了更多的能量。

通过这个案例,我想很多人应该明白了,正面的想法不一定能给我们带来理想的结果。

很多人都听过这句话:吃得苦中苦,方为人上人。这句话很励志。可是,什么才是"苦中苦",什么才是"人上人"呢?

在别人眼里,我经历了很多苦难和挫折,可是我从来不觉得自己吃过苦,也从来不觉得自己受过什么挫折。我如今小有成就,可以勉强称作"人上人",但是我觉得用这句话来描述我的经历有些不合适。

当然,人和人是不同的,就像我直播时说的那样,不是人人都是陈雨思。

不过,我仍然认为这句话对很多人来说不是一个积极、正面的思想,而很可能是一个"紧箍咒"。为什么?

因为这句话会让人觉得,要想取得一番成就必须先吃苦。

那么,什么才是吃苦?每个人对"苦"的理解不一样。

每天熬夜加班,超负荷工作是不是吃苦?住在贫困山区,吃不饱、穿不暖是不是吃苦？领着微薄的薪水勉强维持生计是不是吃苦？每天挤公交车上下班是不是吃苦？

观察者的立场不同，得出的结论也不同。我们不要站在自己的立场上去评价一件事情正确与否。

这也从侧面表明，我们不要对吸引力法则深信不疑，也不要妄想只要遵循吸引力法则就能实现自己的梦想。

设想一下，假如你看问题的角度错了，你吸引来的人就是错的人，那么这时吸引力法则还能帮助你吗？

举一个简单的例子，很多人都渴望成功，渴望获得大量的财富，但是本着这样的想法能吸引什么类型的人呢？

换句话说，"我想赚很多钱""我想打造一个很棒的团队""我想变得非常优秀"，这些想法之下有着怎样的潜意识呢？

其实，这些想法之下往往有这样的潜意识："万一我开始赚了很多钱，最后又亏掉了，怎么办""万一我成功了，身边的人惦记我的钱财，怎么办""万一我升职后又被降职了，怎么办""我借钱做生意，万一赔本了，怎么办""我组织团队一起干，万一没有做好，怎么办"。

那些正面、积极的想法下往往隐藏着负面、消极的情绪。

真正能影响一个人做事情的，不是这个人的想法，而是这个人的感觉，也就是潜意识。真正吸引人的不是一个人脑海中那些浮在表面的想法，而是想法下的情绪。

例如，你想招一些代理，可是一直没有找到合适的人。这时你需要调整一下自己的心态，因为在你想要招代理的这个正面的想法之下，隐藏的情绪是"我万一带不好招进来的人，怎么办""万一我将他们招进来，却没办法带他们赚更多的钱，怎么办"。在这些情绪的影响下，你发现自己根本找不到合适的代理。

再如，有些人在工作遇到困难时可能产生想自己创业的想法，但是，他们始终没有迈出这一步。因为这种想法下隐藏的情绪是"算了，我先做好本职工作吧""创业哪有那么容易。经营副业耗时耗力，我还是别折腾了"。于是，在这些情绪的影响下，他们始终迈不出创业这一步。

我列举这些例子，是想讲明一个道理：那些看似正面的想法下可能隐藏着负面、消极的情绪。而这些不易被觉察的负面、消极的情绪往往会带来不好的结果。

有人说"我就想平平淡淡地过一生"，说出这句话的人有很大的可能如愿以偿。这是因为说这句话的人的想法和潜意识是一致的，相互作用下最终能够让自己如愿以偿。

有人经常高调宣称"我要做出一番成就"，最终反而不能如愿以偿。为什么呢？其实，原因很简单，正面、积极的想法下隐藏着负面、消极的情绪，两者互相拉扯，最终负面、消极的情绪战胜了正面、积极的想法，于是最终不能心想事成。

我们应该明白，真正决定结果好坏的是潜意识（想法下隐藏的情绪）。如果我们想成就一番事业，不仅要用积极、正面的想法激励自己，还要尝试挖掘自己内心深处的想法，摆脱负面、消极的情绪，用正能量武装自己。这样，我们的气场会越来越强，精神面貌也会越来越好，自然会得到好运气的眷顾，那么，距离心想事成还会远吗？

11.2 心想事成 Plus 版本

下面我继续剖析心想事成和吸引力法则。希望你通过阅读以下内容能够掌握一些方法。

"心想事成"这个词是对吸引力法则的诠释。没有感受过心想事成的人可能觉得这种感觉非常神奇,但当你明白了吸引力法则的原理之后,你就会发现想要心想事成并不难。

我是一个比较幸运的人,创业这些年,虽然我历尽坎坷,但整体来说更多的是心想事成。

2015年,当我计划进行第一次转型时,妈妈说:"之前的产品不是很好吗?不要换产品了,万一不合适怎么办?"我对妈妈说:"这个产品很有市场!你等着吧,今年我肯定赚100万元!"结果是,我在2015年真的赚了100万元。

后来我再次转型,妈妈又劝我不要转型,爸爸也劝我。我依然很有信心地对他们说:"别劝我了,我已经决定了。我今年绝对能赚300万元。"

结果是,我不是赚了300万元,而是在300万元的基础上翻了一番。

前段时间我想健身,凑巧的是,我们小区门口新开了一家健身房。

看完这些,可能有的读者会非常羡慕我拥有好运气。其实,如果你将吸引力法则的相关原理研究透彻,那么你的人生之路也会变得顺遂很多。

想要心想事成，你就要让自己的想法和潜意识保持一致，也就是同频共振。

什么意思呢？

意思是，你怎么想和你要不要想是两件事情，只有二者保持一致，才能心想事成。

举一个简单的例子，我对我的团队成员说："从现在开始，你们千万不要再想雨思有多么漂亮、雨思有多么优秀，也千万不要去想雨思对你们有多么重要。"

在读这句话时，你是不是情不自禁地想：雨思到底有多漂亮、有多优秀？她能够给我提供什么帮助？

我越是对我的团队成员说"千万不要想"，他们越是忍不住去想。可见，"你要"或"不要"决定不了"你想"或"不想"。

再举一个例子，我的身边有这样一群人，他们整天把"我一定要自信"挂在嘴边，但是并没有因此变得自信。这是为什么呢？因为他们的骨子里依旧自卑。他们在心里想：自己的原生家庭很差，自己的学历非常低，自己没有一技之长，自己相貌平平，自己的工作能力也不出众……所以，他们嘴上说着"我一定要自信"，骨子里却依旧自卑。

想法有一种力量，潜意识也有一种力量，要做到心想事成，就要将自己的想法和潜意识融合在一起，即把两种力量合二为一。

我的团队中有一些代理一直停留在原点，因为他们一直暗示自己：我不适合做微商，我不好意思主动和别人接触，等等。当他们萌生想要做好微商的想法时，他们的潜意识却会把他们往回拉。他们的想法和潜意识相互撕扯,他们没有办法把这两股力量合二为一,想法最终敌不过潜意识,于是他们只能继续停在原点。

如何让想法和潜意识合二为一呢?暗示。如果你经常暗示自己:做销售也太简单了吧,带团队也太容易了吧。那么,渐渐地,你的潜意识便会接受这些暗示。当你从事销售工作时,你的想法是"我肯定能拿下这位客户",你的潜意识是"我肯定能拿下这位客户",想法和潜意识两股力量合二为一,那么你的销售工作便会进行得非常顺利。

在为粉丝答疑解惑时,我经常会把"这个问题很简单啊""这个问题很容易呀"这两句话挂在嘴边。其实,我这是在给自己积极的心理暗示。我在暗示自己这个问题很容易,我可以解决。这样,我才能冷静地思考,尽快找到解决问题的办法。

很多人会有这种烦恼:自己在事业上付出了很多心血,却始终难以取得理想的成果。这是为什么呢?其实,这并不是因为他们的能力不足或运气不佳,而是因为他们的想法和潜意识是矛盾的。事实是,越害怕什么就越容易发生什么。

前两天我去见一位客户,她的皮肤状态非常差。我看了一下她的皮肤,说:"你的皮肤状态不好,估计从外面买再多护肤品都搞不定。不过,我相信我推荐的这款产品能让你的皮肤好起来!"

她听了我的话后对我说的产品很感兴趣,于是问是什么产品,在哪里购买,一套多少钱等。我一一回复她。我向她推荐的这款产品一套的价格是1000多元。但是就她的皮肤状态而言,仅使用一套产品不会有明显的效果,于是我向她推荐了3000元的产品。这位客户的第一反应是"东西确实好,我也相信你,可是产品太贵了,我买不起"。

很多人都有和我的这位客户一样的思维,即看到自己喜欢的但超过自己购买能力的产品的第一反应就是"太贵了,我买不起"。

有的人有不一样的思维,即看到自己喜欢的但超过自己购买能力的产品的第一反应是"这款产品值这个价格,我既然喜欢就要想办法得到它"。这体现了有能量的人与没有能量的人的区别。

没有能量的人喜欢否定一切,如否定自己、否定孩子和爱人、否定自己的梦想、否定身边的改变。

有能量的人是怎样的呢?他们善于用欣赏的眼光看待周围的一切,他们肯定自己、肯定自己的孩子和爱人、肯定自己的梦想,并想尽一切办法改变周围的环境。

如果我们想要变得越来越好,就一定要多用肯定语,少用否定语。

例如,很多人在社群里这样说:"你们好优秀啊!我还是个'小白',我太差劲了!"这类话虽然听起来很谦虚,但是负能量满满。

试问,哪位成功的大佬不是从"小白"开始一步一步提升的呢?

我刚开始做微商时就不是这种心态。记得第一天做微商,我便在朋友圈发布:"我要招代理,有兴趣的人请联系我。跟着我干,一起创造美好的明天!"那时我也是"小白",还没有盈利,但我敢在朋友圈这样说。

对比一下,我们便会发现:经常肯定自己的人,往往会变得越来越优秀；经常贬低自己的人，往往会变得越来越平庸。因此，一个人若想变得优秀，就要多肯定自己。

看到这里，相信大家已经了解心想事成的秘诀了，那便是聚焦自己想要的点。

很多人不能心想事成，是因为聚焦点找错了。想要变得越来越好，想要心想事成，我们就要聚焦到我们想要的结果上，同时注意少用否定语，多用肯定语。这样，我们的想法和潜意识就能同频共振，给我们带来非常大的能量，为我们的心想事成助力。

11.3 心想事成，这个方法很有效

下面我想讲一些在我身上发生的很神奇的事情，希望这些对你有所帮助。

创业这么多年，我想做的每件事情都做了，而且一路走得顺风顺水，用一个词语来形容，那就是"心想事成"。

你是不是也想拥有这种心想事成的"魔法"呢？

接下来我讲解两个要点，掌握了这两个要点并付诸行动的人也可以拥有心想事成的"魔法"。

1. 想问题和做事情不去关注坏的方面

"好的不灵坏的灵"，很多人都听过这句话。回想一下，你是不是遇到过这些情况：刚说完"我家孩子很少生病"，没过几天你家孩子就生病了；刚说完"我的身体可好了，最近几年都没生过病"，

没过几天你就生病了;你忘记带伞了,非常担心下班的时候下雨,于是说"下班时可别下雨啊",结果下班时真的下雨了。

"好的不灵坏的灵"也是心想事成的一种类型,不过"想"的都是坏的方面。我们专注事情的某个方面,往往会促使事情向那个方面发展,因此,我们千万不要过分关注不好的方面。

有一句话和"好的不灵坏的灵"类似,那便是"有所恐惧,则不得其正"。什么意思?很好理解,有所恐惧,就无法保持中正。也就是说,当你害怕一件事情时,你就不能客观地看待这件事情。

因为你对自己恐惧的事情会格外关注,即使你的内心一直说"我不想要……",但是你没有办法控制你的大脑,你的脑海里想的依然是不好的方面。

假如你现在正处于贫病交加的状态,你一直想"为什么我这么穷""为什么缺钱的是我""为什么我这么倒霉",你就会一直处于贫病交加的状态,很难从这个泥潭中挣脱出来。

假如你很担心生病,并时常想象着生病后的场景。因为你很担心生病,所以你的大脑接收到的重点信息是"生病",而这可能导致你真的生病了。

以我自己为例,我喝瘦身产品时总会告诉自己"这会让自己的身材更好",而不会对自己说"喝它能让我避免变胖"。这两种心理差别很大吗?是的。如果我担心自己变胖,那么意味着目前我看到的是自己不好的一面。同样,如果你在吃保养品调理身体,那么你要告诉自己"吃保养品是希望自己越来越健康",而不是担心自己生病。

下面就很多人关心的赚钱问题进行讲述。

我赚钱很容易，因为我一直都觉得赚钱是一件容易的事情，我从来不会对自己说"我的每一分钱都赚得好辛苦""我好不容易才赚到这些钱""赚钱实在太难了，好羡慕那些富豪啊"之类的话。这是因为我相信，如果我认为赚钱是一件很辛苦的事情，那么我未来赚每一分钱都会很辛苦。

如果你现在对自己从事的工作非常不喜欢，觉得自己赚钱好辛苦、好难，那么说明你现在从事的工作可能非常不适合你。我建议你立马辞职去找寻更适合自己的工作，或者自己创业当老板。

正是因为你工作时满腹牢骚和委屈，所以你认为赚钱真的非常不容易。可是，如果你非常热爱自己的工作，每天都开心地和同事一起工作，你就会觉得一个月很快就过去了，或者不知不觉间竟然赚了好多钱，真是太幸福了。

不论做什么事情，我们都要往积极的方面去看、去想、去努力。就做微商这件事情而言，很多人想做微商，但是迟迟不敢开始，因为缺乏信心。这些人还没开始做，就会想"万一我亏了怎么办，万一我做不好怎么办"。

我们应该明白，如果总是给自己负面的心理暗示，成功就会远离我们。无论做什么事情，我们都要保持积极的心态，看到积极的一面。

2. 重视内心的力量

这是我能取得成绩、获得财富的一个非常重要的方法。

我为自己描绘了一个宏伟的愿景：我要把我的品牌发展成民族

品牌，我要让更多人用轻创业的方式赚到更多的钱。我心中一直有这个愿景，而且我每次想到这个愿景都很兴奋。

这是我的一个梦想，但是我从来没有把它当作未来的梦想，而是把它当成自己当下正在实现的梦想。

听起来好像没有什么区别，实际上两者是有区别的。如果当下有一个你通过努力就能实现的梦想，你可能就会非常努力地把它由梦想变为现实。可是，如果你把梦想实现的时间点定在遥远的未来，那么你的梦想很可能永远也不会实现。

想要赚钱，想要实现自己的梦想，我们就要立足当下。我们要找到这种目标已经实现的兴奋感，不断地朝着目标努力，那么距离心想事成也就不远了。

到底该如何做呢？我们不妨先思考一下有什么东西是我们特别想得到的，然后想象得到它之后的兴奋感，并不断想办法得到它，在这个过程中不断培养自己心想事成的能力。

我们要学会感受自己内心的力量，这样才能心想事成，也才能让自己活得更通透、更快乐。

如果能够做到上述两点，我们便可以使自己内心的能量觉醒，进而拥有心想事成的"超能力"。

11.4　不要对自己PUA

有一段时间我做什么都提不起兴趣。朋友们为了让我打起精神，想方设法地夸奖我，可是收效甚微。

一天，我们聊天时，一位朋友提到一个词——PUA。

什么是 PUA 呢？PUA 的全称是 Pick-up Artist，原意是"搭讪艺术家"，是指通过传授一些必要的聊天技巧，帮助那些不擅长和女性沟通的男性学习聊天的学问。后来，PUA 从简单的搭讪扩展到吸引异性、让异性为之着迷的人或行为。

PUA 的一个重要体现是，通过否定对方摧毁其自信心，从而实现对其的情感控制。如今，人们把类似这种疯狂打击一方自信心，以便树立自己权威的行为统称为 PUA，如部分老板对员工的 PUA，某些父母对孩子的 PUA 等。

我在和朋友聊天后认真回顾了近两年的状态，猛然发现，自己一直坚持的自我反省似乎成了攻击自己的武器。

我们痛恨别人的 PUA，却在不经意间无休止地对自己 PUA，使自己一步一步失去自信。

之前在和代理们沟通时，我发现一个代理的状态非常差。她一直自我责备，说自己能力不足、开拓市场的速度不够快，说着说着还哭了起来。其实，她的能力很强，在加入我的团队之前就已经年薪 50 万元了。我看团队的氛围很低迷，便故意说道："哎呀，是我没教好你们实战经验。我还得继续加油！"这个代理说："没关系，老板，我们一起做！"

这个代理能轻易原谅他人，却不能放过自己，一直自我责备。她的这种心态就是典型的对自己 PUA。

自我 PUA，也就是自我否定、自我攻击，自己拿"刀"伤害自己。这类人总是心情低落、缺乏自信，一直处于"内耗"的状态。

以前有段时间我也是这样的，很不满意当下的自己，觉得自己没有什么值得肯定的，一直在追求更好的自己。我当时的想法是，等自己达到某个要求、成为更好的自己时，我才值得被肯定。然而，在达到那个要求后，我再次对当下的自己不满意，于是给自己提出更高的要求。就这样，我陷入了一个恶性循环。

当下的自己和更好的自己之间永远存在一道鸿沟，差距越大，痛苦越深。

一些人和那段时间的我一样，觉得在成为更好的自己之后，自己才值得被肯定、被爱。其实，我们期待未来更好的自己，也应该肯定、相信当下的自己。

我们应该接纳并没有那么好的自己，而不是一味地进行自我否定、自我攻击。我们要经常对自己说："我很棒，大胆去做吧！做错了也没关系，总结一下经验也挺好。"在自责时，我们也要对自己说："我是有价值的，我是有很大潜力的，我是可以做大事的！"后来，当我再遇到瓶颈、再犯错时，我不再责怪自己，而是始终保持自信。

我们要相信自己，把自己想象成一棵努力扎根的大树，哪怕风雨再凶猛、阳光再毒辣，也不怕。只要根扎得足够深，自己就是自己的靠山。外界的嘲笑不过如轻风扫过，只能让大树的枝叶摆动。

那么，我们该如何从内心深处保持自信，停止对自己PUA呢？我们可以试着从以下四点做起。

1. 自我反省，提升正向反馈的频率

面对同一件事，不同的人有不同的反应。例如，对于下雨，有些人会感到高兴，但有些人会感到沮丧。

想要增强自己的信心，我们需要进行自我反省，找到令自己感到不安、沮丧的原因。当我们对自己没有信心时，我们可以想办法远离给自己带来负面情绪的人和事，给自己创造一个积极的、充满正向反馈的环境。

例如，你觉得朋友圈总是给你带来压力，那么你可以暂时不去看；某位朋友总是在你开心、获得小成就时给你泼冷水，那么你应该远离他，拒绝接受他带给你的负能量。

有的人认为这是逃避。其实不然，这是一种自我保护。我们应该认识到自己的缺点，也应该知道自己拥有多大的能力。这就像孩子学走路一样，在家长的保护下，孩子一次又一次地尝试，越走越有信心，很快就可以走得很稳了。

我们虽然是成年人，但培养自信心就如同孩子学习走路一样。在这个过程中，我们需要被呵护，当然包括自我保护。

2. 打造自己的核心竞争力

一个人的自信不是生来就有的，而是在一次次的正向反馈中积累起来的。

例如，英语四、六级不及格的同学，在经历了几个月的艰苦努力后终于及格了，自信心将会大幅提升；员工在工作中遇到瓶颈，通过头脑风暴、不断尝试后终于找到了解决方案，自信心也会大幅提升。

然而，很多人选择用逃避的方式来解决自信心不足的问题，根源在于：一方面无法承受自信心不足带来的痛苦，另一方面又不敢挑战自我。事实上，想要让自己变得更加自信，我们就必须不断提升自己的核心技能，不断给自己正向反馈，从而走出恶性循环。

3. 培养一些积极的、正向的习惯

有的人情绪低落时会跑步，以缓解自己的情绪；有的人感到紧张时会通过深呼吸的方式来缓解。

哈佛大学教授埃米·卡迪根据这种思路进行了一系列研究，结果表明，人的身体活动会引起人体内分泌、脑神经系统发生变化，从而对人的情绪、状态产生影响。

如果一个人以扩展性的姿势站立两分钟，那么其身体内的睾固酮（一种容易使人激动、产生竞争欲的激素）的浓度就会显著增加，皮质醇（一种与压力有关的激素）的浓度会降低。

埃米·卡迪教授将这种能让我们充满信心的动作称为高能量姿势，与之相对的是低能量姿势，如把双臂抱在胸前、躺在沙发上等。

就像动物一样，人们在表现权利、强势时，往往会下意识地让自己看起来很"大"（也就是占据大的空间）；而当人们感觉无能为力和不自信时，人们就会将自己"缩小"，将自己包裹起来。

如果你对自己没有信心，那么你可以摆出高能量姿势，先从生理上树立自信心，然后逐渐从心理上提升自信心。

4. 摆脱冒充者综合征，停止错误的对比

冒充者综合征，也叫自我能力否定倾向，指的是按照客观标准个体已经获得成功，但是其不愿意接受，认为自己没有获得成功的能力，认为自己在欺骗别人。

电影《哈利·波特》中赫敏的扮演者艾玛·沃特森就患有冒充者综合征。她曾表示，自己做得越好，别人越夸赞她，她内心没底气的感觉就越强烈。她担心有一天别人发现她根本不配拥有现在这样的成就。

许多人就像艾玛·沃特森一样，他们缺乏自信并不是由于能力不足，而是不知道如何认可自己的成就，也不知道如何肯定自己的优秀。他们往往把自己的缺点放大，而忽略了自己的优点。想要克服这种心理，他们就要大胆承认自己付出了很大的努力，并坦然地看待自己的不足，接受自己的不完美。

总之，想要提升自信心，要拒绝自我PUA，并从内心肯定自己。因为内心深处的自信就像一座大楼的地基，如果地基不稳，那么所有的努力都将付诸东流。

首先，自我反省，提升正向反馈的频率。也就是说，你要学会审视自己，远离那些让你失去自信心的人和事，减少负面情绪的出现，同时提升正向反馈的频率。

其次，打造自己的核心竞争力，让自己变得更有自信心。

再次，培养一些积极的、正向的习惯。在你感到没有自信心时，你可以试着摆出高能量姿势，让身体上的自信激发心理上的自信。

最后，摆脱冒充者综合征，停止错误的对比。也就是说，你要学会对自己所付出的努力进行肯定，学会接受自己的不足。

改变需要一个过程，不是一蹴而就的。想要提升自信心，你需要进行大量的刻意练习。你可以在一页 A4 纸上写下那些使你感觉自信心不足的情景，并在以后的生活和工作中尽量避免再次发生。同时，你也可以列出能够提升你的自信心的事情，并多尝试去做这些事情，从而不断地积累自信心。